Über dieses Buch

Lange Zeit sah man in C. G. Jung nur einen Antipoden Sigmund Freuds. Heute steht mit der von ihm geschaffenen Analytischen Psychologie ein Gebäude vor uns, das durch seine konsequente wissenschaftliche Geisteshaltung geprägt ist. Die Ergebnisse der Forschungen C. G. Jungs über das persönliche und kollektive Unbewußte sind heute nicht nur wesentlicher Bestandteil der modernen ärztlichen und nichtärztlichen Psychologie, sondern haben zahlreichen Wissensgebieten, wie z. B. Anthropologie, Ethnologie, Religionswissenschaft, Biologie, Nationalökonomie, neue Auffassungen vermittelt.
Zu Jungs folgenreichsten Entdeckungen gehören die sogenannten Archetypen, sie formen das »pattern«, welches sowohl den Instinkten, wie auch der irrtümlichen Bilderwelt der Phantasien und Träume zugrunde liegt. Sie sind die Keime aller Gestaltung und aller bewußten Erkenntnis.
Dieser Sammelband vereinigt vier wichtige Arbeiten C. G. Jungs, die eine vorzügliche Einführung in die Analytische Psychologie darstellen und zugleich das weite kulturhistorische Spektrum der Forschungstätigkeit C. G. Jungs umreißen.

Der Autor

Carl Gustav Jung wurde am 26. Juli 1875 in Kesswil, Kanton Thurgau, Schweiz, geboren. Er studierte in Basel Medizin und wurde 1900 Assistent am »Burghölzli«, der Psychiatrischen Klinik der Universität Zürich. Seit 1905 war er als Privatdozent für Psychiatrie an der Universität Zürich tätig. Seit 1907 arbeitete er mit Sigmund Freud zusammen, 1911 wurde er der erste Präsident der neugegründeten Internationalen Psychoanalytischen Gesellschaft. 1912/13 Trennung von der psychoanalytischen Bewegung Freuds. Nachdem er seine Dozentur an der Universität Zürich aufgegeben hatte, widmete er sich ganz der Herausarbeitung der »Analytischen Psychologie«. Er starb am 6. Juni 1961 im Alter von 85 Jahren in Küsnacht.
Im Fischer Taschenbuch Verlag erscheinen außerdem: ›Über die Psychologie des Unbewußten‹ (Bd. 6299); ›Über Grundlagen der analytischen Psychologie‹ (Bd. 6302). Über C. G. Jung informiert grundlegend: Jolande Jacobi, ›Die Psychologie von C. G. Jung. Eine Einführung in das Gesamtwerk‹ (Bd. 6365).

C. G. JUNG

BEWUSSTES UND UNBEWUSSTES

BEITRÄGE ZUR PSYCHOLOGIE

Mit einem Vorwort von

PROFESSOR DR. E. BÖHLER

und einem Nachwort von

ANIELA JAFFÉ

FISCHER TASCHENBUCH VERLAG

Umschlagentwurf: Jan Buchholz/Reni Hinsch
Register von Lena Hurwitz-Eisner

Fischer Taschenbuch Verlag

1.– 50. Tausend	September 1957
51.– 62. Tausend	Februar 1959
63.– 75. Tausend	September 1960
76.– 87. Tausend	Januar 1962
88.–100. Tausend	Dezember 1963
101.–106. Tausend	September 1966
107.–118. Tausend	Mai 1967
119.–125. Tausend	Dezember 1968
126.–135. Tausend	Oktober 1969
136.–142. Tausend	Oktober 1970
143.–152. Tausend	Mai 1971
153.–167. Tausend	Januar 1972
168.–180. Tausend	Oktober 1972
181.–192. Tausend	Oktober 1973
193.–200. Tausend	März 1975
201.–207. Tausend	Januar 1976
208.–215. Tausend	März 1977
216.–220. Tausend	Dezember 1978
221.–227. Tausend	September 1979
228.–235. Tausend	Januar 1981

Fischer Taschenbuch Verlag GmbH, Frankfurt am Main
Lizenzausgabe mit freundlicher Genehmigung
des Walter Verlages AG, Olten

Gesamtherstellung: Hanseatische Druckanstalt GmbH, Hamburg
Printed in Germany
680-ISBN-3-596-26058-2

INHALT

VORWORT

Die Bedeutung der komplexen Psychologie C. G. Jungs für die Geisteswissenschaften und die Menschenbildung

Wenn ich im folgenden den Versuch unternehme, die Anregungen zu würdigen, die Geisteswissenschaften und Menschenbildung durch das Lebenswerk C. G. Jungs empfangen haben, so kann es sich nur darum handeln, aus der ungeheuren Fülle von Ausstrahlungen einige wenige Verbindungslinien auszuwählen, die notwendigerweise subjektiv und fragmentarisch bleiben müssen und nicht mit seinen eigenen Wertungen übereinzustimmen brauchen.
Auf die einfachste Formel gebracht, darf wohl gesagt werden, der Fortschritt der Geisteswissenschaften komme darin zum Ausdruck, daß der Mensch immer tiefer in die Komplikationen seiner äußeren und inneren Welt eindringt. Dieser Prozeß vollzieht sich jedoch nicht gradlinig, sondern in Gegensätzen. Während im 19. Jahrhundert und zu Beginn des 20. Jahrhunderts das ganze Interesse der Menschheit auf die Geheimnisse der äußeren Natur gerichtet war und die Seele selbst nur noch als eine scheinbar ungetrübte optische Linse betrachtet wurde, besteht die große Wende, die Jungs Lebenswerk herbeigeführt hat, darin, daß er gegenüber dem naiven Realismus die Seele als das allerrealste Wesen vindiziert und die Interpretation der seelischen Bilder zu einer mit den objektiven Seinserkenntnissen gleichberechtigten Erkenntnisform erhoben hat.
Das bedeutet zugleich den Bruch mit Freud und der Psychoanalyse. Denn diese kannte im Grunde nur einzelne Triebtendenzen, aus denen das spezifisch Seelische nicht erklärt werden kann. Demgegenüber entwickelt Jung die Theorie einer Energetik der Seele, die in ihrer Totalität als Einheitstendenz bezeichnet werden kann, da er einerseits die Zielgerichtetheit des Unbewußten, andererseits das kompensatorische und komplementäre Verhältnis zwischen dem Ich und dem Unbewußten nachweist. Dadurch ist er zum Wiederentdecker der Ganzheit und Polarität der mensch-

lichen Psyche geworden, und zwar nicht im Sinne einer formellen Definition, sondern einer materiellen Interpretation der seelischen Bilder, welche die Manifestationen der Geisteswissenschaften zu einer Einheit zusammenschloß.
Aus der Fülle der neuen Gesichtspunkte, die sich daraus für die Geisteswissenschaften ergaben, will ich nur drei hervorheben: Zum erstenmal ist durch Jungs Betrachtungsweise ein einheitliches Weltbild möglich geworden, das das Außen und Innen miteinander vereinigt. Denn die Realität der äußeren Welt ist ohne die Realität der Innenwelt überhaupt nicht zu verstehen, weil alle seine Erkenntnisse aus seelischen Elementen konstruiert sind, wie er durch zahlreiche Schriften systematisch und historisch nachgewiesen hat. Die Einheit des Weltbildes entsteht deshalb nicht aus einer rationalistischen Konstruktion, sondern indem das Subjekt dem Objekt und das Objekt dem Subjekt als Folie dient. Damit ist im Grunde erst die Kantsche Leistung zum Abschluß gebracht worden, weil damit die seelischen Bilder und Symbole den Seinserkenntnissen gegenüber zu gleichberechtigten Erkenntniskategorien erhoben wurden, während sie vorher ein Schattendasein geführt hatten.
Durch Jungs Entdeckung des kompensatorischen und komplementären Verhältnisses zwischen dem Ich und dem Unbewußten wurde sodann die menschliche Freiheit neu umschrieben, indem er einerseits der Willkür des Ichs eine Grenze, anderseits aber die unbewußten seelischen Inhalte der geistigen Durchdringung eröffnete. Die Deutung der Ursymbole der Menschheit, die im Zentrum dieses Lebenswerkes steht, bedeutet eine ungeheure Erweiterung des menschlichen Bewußtseins und der menschlichen Würde. Die seelischen Inhalte, die bisher nur in der gebundenen Form des Mythos, der Dichtung, und der Religionen zugänglich waren, sind jetzt der bewußten Integration zugänglich gemacht worden.
Damit steht ein Drittes in engstem Zusammenhang: Durch die Entdeckung des kollektiven Unbewußten, der Menschheitserfahrungen der Jahrtausende, die in den Archetypen ihren Niederschlag finden, wurde die Verbindung zwischen dem Subjekt und dem Objekt wieder hergestellt, die Kant nicht befriedigend gelungen war, indem durch Jung das Subjektive in das transzendente Objektive des kollektiven

Unbewußten eingebettet wurde. Damit werden Psychologie und Geisteswissenschaft – zusammen mit den Künsten – im Grunde zur Traumdeutung der Menschheit, und der Gegensatz zwischen Psychologie und Geisteswissenschaften ist durch eine große Synthese aufgehoben. Dies bedeutet eine fundamentale Wandlung der erkenntnistheoretischen Orientierung.
Aus diesen neuen Erkenntnissen, deren Fülle nur angedeutet werden kann, ergeben sich nun auch die bedeutungsvollen Resultate für die Menschenbildung, die allerdings noch zum Teil der Erschließung harren:
Als die große Aufgabe der Menschenbildung wurde von Jung zunächst die Unterscheidung des Ichs von seinen seelischen Inhalten gesetzt, die Reinigung der Seele von allen Introjektionen und Projektionen, die Wahrung des Ichs vor der Inflation durch die Bilder des kollektiven Unbewußten, deren Vermischung so sehr zur Verwirrung der Menschen und Völker beigetragen hat. Dadurch wurde zugleich eine umfassende Methodik des menschlichen Individuationsprozesses geschaffen und ein neues Licht auf die Meditationsbemühungen der verschiedenen Kulturvölker geworfen.
Zweitens hat Jung aber auch neue Grundlagen der Ethik und Pädagogik im weitesten Sinne gelegt, indem er überzeugend nachwies, daß sich die menschliche Idealbildung auf die gesamte Gegebenheit der menschlichen Psyche stützen muß und nicht bloß auf die Inhalte des bewußten Ichs, wie dies bei den verkrampften Bemühungen des einseitigen Idealismus und Moralismus der Fall ist. Er zeigte, daß wir uns als Individuen und Kollektive mit der Polarität des Daseins, mit unserem »Schatten« abfinden müssen, daß wir nichts Beliebiges wollen können, ohne zu scheitern und ohne zu riskieren, das Gegenteil zu erreichen. Diese Erkenntnis ist für die Nationalökonomie, für die Jurisprudenz und für die Geschichtswissenschaft von grundlegender Bedeutung.
Endlich ist daraus als das Gegenstück die überzeugende Diagnose der Krankheitserscheinungen der Menschheit erwachsen, die als autonome Komplexe den sozialen, politischen und wirtschaftlichen Krisen zugrunde liegen. Dazu gehört auch die Aufzeigung der verheerenden Wirkungen des Zweckmenschen in der modernen Geschichte, aus dessen unkultivierten Bereichen die großen modernen Massen-

psychosen hervorgegangen sind. Das Bedeutsame ihrer Resultate liegt darin, daß diese Massenpsychosen primär nicht aus den Charaktereigenschaften bestimmter Völker erwachsen, sondern auf Grund der autonomen Komplexe in jedem Volk vorhanden sind und ausbrechen können.
Doch hat Jung die Wissenschaft nicht nur durch seine Erkenntnisse bereichert, sondern ebensosehr durch seine konsequente wissenschaftliche Geisteshaltung. Er hat die großen Gefahren der Prophetie und des Systemdenkens streng vermieden und damit auf die Machtausübung durch Identifizierung mit dem kollektiven Unbewußten oder durch die Aufblähung des Ichs im vereinfachenden Systemdenken verzichtet. Was dies bei dem gewaltigen Umfang seines Lebenswerks und dem persönlichen Einfluß, der von Jung als Menschen und als Forscher ausgegangen ist, bedeutet, vermag der Außenstehende kaum zu ermessen.
Daß er angesichts der Überfülle von Ideen, die ihm zuströmen, dieses wissenschaftliche Ethos bewahrt hat, daß er der Losgelöste, der Besonnene geblieben ist, daß er die Wahrheit als etwas Schwebendes und nie Abgeschlossenes, als etwas Dynamisches und nie Fertiges, als etwas Uraltes und ewig Junges erhalten hat, darin liegt die Einzigartigkeit seiner Person im Zeitalter der billigen Propaganda und des bloßen Systemdenkens.

Prof. Dr. E. Böhler

I

ÜBER DIE ARCHETYPEN DES KOLLEKTIVEN UNBEWUSSTEN[1]

Die Hypothese eines kollektiven Unbewußten gehört zu jenen Begriffen, die zuerst das Publikum befremden, dann aber bald als geläufige Vorstellungen in dessen Besitz und Gebrauch übergehen, wie dies mit dem Begriff des Unbewußten überhaupt geschehen ist. Nachdem die philosophische Idee des Unbewußten, wie sie sich hauptsächlich bei C. G. Carus und Ed. v. Hartmann findet, unter der überbordenden Woge des Materialismus und Empirismus ohne erhebliche Spuren zu hinterlassen untergegangen war, tauchte sie innerhalb der naturwissenschaftlich orientierten, medizinischen Psychologie wieder allmählich auf. Zunächst beschränkte sich der Begriff des Unbewußten darauf, den Zustand verdrängter oder vergessener Inhalte zu bezeichnen. Bei Freud ist das Unbewußte, obschon es – wenigstens metaphorisch – bereits als handelndes Subjekt auftritt, im wesentlichen nichts als der Sammelort eben dieser vergessenen und verdrängten Inhalte und hat nur vermöge dieser eine praktische Bedeutung. Dementsprechend ist es nach dieser Ansicht ausschließlich persönlicher Natur[2], obschon andererseits schon Freud die archaisch-mythologische Denkweise des Unbewußten gesehen hat.

Eine gewissermaßen oberflächliche Schicht des Unbewußten ist zweifellos persönlich. Wir nennen sie das *persönliche Unbewußte.* Dieses ruht aber auf einer tieferen Schicht, welche nicht mehr persönlicher Erfahrung und Erwerbung entstammt, sondern angeboren ist. Diese tiefere Schicht ist das sogenannte *kollektive Unbewußte.* Ich habe den Ausdruck »kollektiv« gewählt, weil dieses Unbewußte nicht individueller, sondern *allgemeiner* Natur ist, d. h. es hat im Gegensatz zur persönlichen Psyche Inhalte und Verhaltensweisen, welche überall und in allen Individuen cum grano

1 Die Werke, denen die in diesem Band vereinigten Stücke entnommen sind, sind detailliert im Quellennachweis auf S. 169 aufgeführt.

2 Freud hat seine hier angedeutete Grundansicht in späteren Arbeiten differenziert: die Instinktpsyche nannte er das »Es«, und sein »Über-Ich« bezeichnet das dem Individuum teils bewußte, teils unbewußte (verdrängte) Kollektivbewußtsein.

salis dieselben sind. Es ist, mit anderen Worten, in allen Menschen sich selbst identisch und bildet damit eine in jedermann vorhandene, allgemeine seelische Grundlage überpersönlicher Natur.

Seelische Existenz wird nur erkannt am Vorhandensein *bewußtseinsfähiger Inhalte.* Wir können darum nur insofern von einem Unbewußten sprechen, als wir Inhalte desselben nachzuweisen vermögen. Die Inhalte des persönlichen Unbewußten sind in der Hauptsache die sogenannten *gefühlsbetonten Komplexe*, welche die persönliche Intimität des seelischen Lebens ausmachen. Die Inhalte des kollektiven Unbewußten dagegen sind die sogenannten *Archetypen.*

Der Ausdruck »Archetypus« findet sich schon bei PHILO JUDAEUS (De Opif. mundi § 69) mit Bezug auf die Imago Dei im Menschen. Ebenso bei IRENAEUS (Adv. Haer. 2, 7, 4), wo es heißt: »Mundi fabricator non a semetipso fecit haec, sed de alienis archetypis transtulit.« Im Corpus Hermeticum (ed. SCOTT, 1924) wird Gott τὸ ἀρχέτυπον φῶς genannt. Bei DIONYSIUS AREOPAGITA kommt der Ausdruck mehrfach vor, so De Caelesti Hierarchia c. II § 4: αἱ ἀΰλαι ἀρχετυπίαι, ebenso De Divinis Nominibus c. II § 6. Bei S. AUGUSTINUS findet sich zwar der Ausdruck »archetypus« nicht, wohl aber die Idee, so De Div. Quaest. 46: »ideae, quae ipsae formatae non sunt... quae in divina intelligentia continentur[1]«. »Archetypus« ist eine erklärende Umschreibung des platonischen εἶδος. Für unsere Zwecke ist diese Bezeichnung treffend und hilfreich, denn sie besagt, daß es sich bei den kollektiv-unbewußten Inhalten um altertümliche oder – besser noch – um urtümliche Typen, d. h. seit alters vorhandene allgemeine Bilder handelt. Ohne Schwierigkeit ließe sich der Ausdruck »représentations collectives«, welchen LÉVY-BRUHL zur Bezeichnung der symbolischen Figuren der primitiven Weltanschauung gebraucht, auch auf die unbewußten Inhalte anwenden, denn es betrifft beinahe

1 Ähnlich wird »archetypus« bei den Alchemisten gebraucht, so in Hermetis Trismegisti tract. aur. (Theatr. Chem. 1613, IV, 718): »Ut Deus omnem divinitatis suae thesaurum ... in se tanquam archetypo absconditum ... eodem modo Saturnus occulte corporum metallicorum simulachra in se circumferens ...« Bei Vigenerus (Tract. de igne et sale. Theatr. Chem. 1661, VI, 3) ist die Welt »ad archetypi sui similitudinem factus« und wird darum »magnus homo« (»homo maximus« bei Swedenborg) genannt.

dieselbe Sache. Primitive *Stammeslehren* nämlich handeln von Archetypen in spezieller Abwandlung. Allerdings sind sie hier nicht mehr Inhalte des Unbewußten, sondern haben sich bereits in bewußte Formeln verwandelt, welche traditionsmäßig gelehrt werden, meistens in Form der *Geheimlehre*, welche überhaupt ein typischer Ausdruck der Übermittlung kollektiver, ursprünglich dem Unbewußten entstammender Inhalte ist.

Ein anderer, wohlbekannter Ausdruck der Archetypen ist der *Mythus* und das *Märchen*. Aber auch hier handelt es sich um spezifisch geprägte Formen, welche durch lange Zeiträume übermittelt wurden. Der Begriff »Archetypus« paßt daher nur mittelbar auf die représentations collectives, indem er nämlich nur jene psychischen Inhalte bezeichnet, welche noch keiner bewußten Bearbeitung unterworfen waren, mithin also *eine noch unmittelbare seelische Gegebenheit* darstellen. Als solche differiert der Archetypus nicht unerheblich von der historisch gewordenen oder herausgearbeiteten Formel. Namentlich auf höheren Stufen der Geheimlehren erscheinen die Archetypen in einer Fassung, welche den urteilenden und bewertenden Einfluß der bewußten Bearbeitung in der Regel unmißverständlich aufweist. Ihre unmittelbare Erscheinung dagegen, wie sie uns in Träumen und Visionen entgegentritt, ist viel individueller, unverständlicher oder naiver als z. B. im Mythus. Der Archetypus stellt wesentlich einen unbewußten Inhalt dar, welcher durch seine Bewußtwerdung und das Wahrgenommensein verändert wird, und zwar im Sinne des jeweiligen individuellen Bewußtseins, in welchem er auftaucht[1].

Was mit »Archetypus« gemeint ist, ist durch dessen eben dargelegte Beziehung zu Mythus, Geheimlehre und Märchen wohl deutlich gesagt. Versuchen wir dagegen, *psychologisch* zu ergründen, was ein Archetypus ist, so wird die Sache komplizierter. Man hat sich in der Mythenforschung bisher immer mit solaren, lunaren, meteorologischen, Vegetations- und anderen Hilfsvorstellungen begnügt. Daß die Mythen aber in erster Linie psychische Manifestationen

1 Man muß, um genau zu sein, zwischen »Archetypus« und »archetypischen Vorstellungen« unterscheiden. Der Archetypus stellt an sich eine hypothetische, unanschauliche Vorlage dar, wie das in der Biologie bekannte »pattern of behaviour«. Siehe dazu: Theoretische Überlegungen zum Wesen des Psychischen. In: Von den Wurzeln des Bewußtseins. Zürich, 1954.

sind, welche das Wesen der Seele darstellen, darauf hat man sich bisher so gut wie gar nicht eingelassen. An einer objektiven Erklärung der offenkundigen Dinge liegt dem Primitiven zunächst wenig, dagegen hat er ein unabweisbares Bedürfnis oder, besser gesagt, hat seine unbewußte Seele einen unüberwindlichen Drang, alle äußere Sinneserfahrung an seelisches Geschehen zu assimilieren. Es genügt dem Primitiven nicht, die Sonne auf- und untergehen zu sehen, sondern diese äußere Beobachtung muß *zugleich auch ein seelisches Geschehen* sein, d. h. die Sonne muß in ihrer Wandlung das Schicksal eines Gottes oder Helden darstellen, der, im Grunde genommen, nirgends anders wohnt, als in der Seele des Menschen. Alle mythisierten Naturvorgänge wie Sommer und Winter, Mondwechsel, Regenzeiten usw. sind nichts weniger als Allegorien[1] eben dieser objektiven Erfahrungen, als vielmehr symbolische Ausdrücke für das innere und unbewußte Drama der Seele, welches auf dem Wege der Projektion, d. h. gespiegelt in den Naturereignissen, dem menschlichen Bewußtsein faßbar wird. Die Projektion ist dermaßen gründlich, daß es einiger Jahrtausende Kultur bedurfte, um sie auch nur einigermaßen vom äußeren Objekt abzutrennen. Im Falle der Astrologie z. B. kam es sogar zu einer absoluten Verketzerung dieser uralten »scientia intuitiva«, weil man es nicht fertig brachte, die psychologische Charakterologie von den Sternen abzutrennen. Und wer heute noch oder wieder an Astrologie glaubt, der verfällt fast in der Regel wiederum der alten superstitiösen Annahme von Gestirnseinflüssen, trotzdem jeder, der ein Horoskop berechnen kann, es wissen sollte, daß seit den Tagen des HIPPARCHOS VON ALEXANDRIEN der Frühlingspunkt auf 0° Aries festgesetzt ist, daß also mithin jedes Horoskop auf einem arbiträren Tierkreis beruht, weil eben seit HIPPARCHOS infolge der Präzession der Tag-und-Nacht-Gleichen der Frühlingspunkt allmählich in die Anfangsgrade der Pisces vorgerückt ist.

Der primitive Mensch ist von so eindrucksvoller Subjektivität, daß es eigentlich die allererste Vermutung hätte sein sollen, die Mythen auf Seelisches zu beziehen. Seine

1 Allegorie ist eine Paraphrasierung eines bewußten Inhaltes, Symbol dagegen ein bestmöglicher Ausdruck für einen erst geahnten, aber noch unerkannten unbewußten Inhalt.

Naturerkenntnis ist wesentlich Sprache und äußere Bekleidung des unbewußten Seelenvorganges. Darin, daß letzterer unbewußt ist, liegt der Grund, warum man zur Erklärung des Mythus an alles andere eher als an die Seele gedacht hat. Man hat ganz einfach nicht gewußt, daß die Seele alle jene Bilder enthält, aus denen Mythen je entstanden sind, und daß unser Unbewußtes ein handelndes und erleidendes Subjekt ist, dessen Drama der primitive Mensch in allen großen und kleinen Naturvorgängen analogisch wiederfindet[1].

»In deiner Brust sind deines Schicksals Sterne«, sagt Seni zu Wallenstein, womit aller Astrologie Genüge getan wäre, wenn man nur einiges um dieses Geheimnis des Herzens wüßte. Dafür aber hatte man bisher geringes Verständnis. Daß es heutzutage damit prinzipiell besser stehe, wage ich nicht zu behaupten.

Die Stammeslehre ist *heilig-gefährlich.* Alle Geheimlehren suchen das unsichtbare Geschehen der Seele zu erfassen, und alle beanspruchen für sich höchste Autorität. Was für diese primitiven Lehren wahr ist, das gilt in noch höherem Maße von den herrschenden Weltreligionen. Sie enthalten ursprünglich geheimes Offenbarungswissen und haben die Geheimnisse der Seele in herrlichen Bildern ausgedrückt. Ihre Tempel und ihre heiligen Schriften verkünden in Bild und Wort die altgeheiligte Lehre, jedem gläubigen Gemüte, jeder empfindsamen Anschauung und jeder denkerischen Ausschöpfung zugänglich. Ja, man muß sogar sagen, daß, je schöner, je großartiger, je umfassender das gewordene und übermittelte Bild ist, desto weiter ist es der individuellen Erfahrung entrückt. Wir können es nur noch einfühlen und anempfinden, aber die Urerfahrung ist verloren. Warum ist Psychologie wohl die allerjüngste der Erfahrungswissenschaften? Warum hat man das Unbewußte nicht schon längst entdeckt und seinen Schatz an ewigen Bildern gehoben? Ganz einfach darum nicht, weil wir eine religiöse Formel für alle Dinge der Seele hatten, die weit schöner und umfassender ist, als unmittelbare Erfahrung. Wenn für viele die christliche Anschauungswelt verblaßt ist, so sind dafür die symbolischen Schatzkam-

1 Vgl. dazu: Jung und Kerényi: Einführung in das Wesen der Mythologie. 1942

mern des Ostens noch voll von Wundern, welche die Lust am Schauen und an neuen Kleidern auf lange Zeit hinaus nähren können. Und überdies sind diese Bilder – seien sie nun christlich oder buddhistisch oder irgend etwas anderes – schön, geheimnisvoll und ahnungsreich. Allerdings, je gewohnter sie uns sind, desto mehr hat der häufige Gebrauch sie abgeschliffen, so daß nur ihre banale Äußerlichkeit in ihrer fast sinnlosen Paradoxie übriggeblieben ist. Das Geheimnis der jungfräulichen Geburt oder die Homoousie des Sohnes mit dem Vater, oder die Trinität, die keine Triade ist, beflügeln keine philosophische Phantasie mehr. Sie sind bloße Glaubensobjekte geworden. Es ist daher nicht erstaunlich, wenn das religiöse Bedürfnis, der gläubige Sinn und die philosophische Spekulation des gebildeten Europäers sich von den Symbolen des Ostens, den grandiosen Auffassungen der Gottheit in Indien und den Abgründen taoïstischer Philosophie in China angezogen fühlen, wie einstmals das Gemüt und der Geist des antiken Menschen von den christlichen Ideen erfaßt wurden. Es gibt viele, die sich zuerst der Einwirkung des christlichen Symbols hingaben, bis sie sich in die KIERKEGAARDsche Neurose verwickelten, oder bis ihr Verhältnis zu Gott, infolge zunehmender Verarmung an Symbolik, zu einer unerträglich zugespitzten Ich-Du-Beziehung sich entwikkelte, um dann dem Zauber der frischen Fremdartigkeit östlicher Symbole zu erliegen. Dieses Erliegen ist nicht notwendigerweise stets eine Niederlage, sondern es kann die Aufgeschlossenheit und die Lebendigkeit des religiösen Empfindens beweisen. Wir beobachten etwas Ähnliches beim östlichen Gebildeten, der sich nicht allzuselten vom christlichen Symbol oder von der dem östlichen Geiste so inadäquaten Wissenschaft angezogen fühlt und sogar ein beneidenswertes Verständnis dafür entwickelt. Daß man diesen ewigen Bildern erliegt, ist eine an sich normale Sache. Dafür sind diese Bilder ja vorhanden. Sie sollen anziehen, überzeugen, faszinieren und überwältigen. Sie sind ja aus dem Urstoff der Offenbarung geschaffen und bilden die jeweils erstmalige Erfahrung der Gottheit ab. Darum erschließen sie dem Menschen auch immer die Ahnung des Göttlichen und sichern ihn zugleich vor der unmittelbaren Erfahrung desselben. Diese Bilder sind, dank einem oft

jahrhundertelangen Bemühen des menschlichen Geistes, in ein umfassendes System weltordnender Gedanken eingebettet und zugleich durch eine mächtige, ausgebreitete, altehrwürdige Institution, genannt Kirche, dargestellt.
Was ich meine, illustriere ich wohl am besten am Beispiel eines schweizerischen Mystikers und Einsiedlers, des jüngst kanonisierten BRUDERS NIKLAUS VON DER FLÜE. Sein wohl wichtigstes Erlebnis war die sog. *Dreifaltigkeitsvision*, welche ihn dermaßen beschäftigte, daß er sie auch auf die Wand seiner Zelle malte oder malen ließ. Die Vision ist dargestellt auf einem in der Pfarrkirche von Sachseln aufbewahrten, zeitgenössischen Gemälde: es ist ein sechsfach geteiltes *Mandala*, dessen Zentrum das gekrönte Antlitz Gottes ist. Wir wissen, daß Bruder Klaus an Hand des illustrierten Büchleins eines deutschen Mystikers dem Wesen seiner Vision nachforschte und sich bemühte, sein Urerlebnis in eine ihm verständliche Form zu bringen. Damit beschäftigte er sich jahrelang. Dies ist, was ich als »Bearbeitung« des Symbols bezeichne. Sein Nachdenken über das Wesen der Vision, beeinflußt durch die mystischen Diagramme seines Leitfadens, führte notwendigerweise zum Schlusse, daß er die heilige Dreifaltigkeit selber gesehen haben müsse, also das summum bonum, die ewige Liebe selber. Dem entspricht auch die abgeklärte Darstellung in Sachseln.
Das Urerlebnis aber war ganz anders. In der Entzückung nämlich tat sich dem Bruder ein Anblick auf, so furchtbar, daß sich dadurch sein eigenes Angesicht veränderte, und zwar in solcher Art, daß die Leute darob erschraken und Furcht vor ihm empfanden. Was er nämlich gesehen hatte, war eine Vision von höchster Intensität. Darüber schreibt WOELFLIN: »Quotquot autem ad hunc advenissent, primo conspectu nimio stupore sunt perculsi. Eius ille terroris hanc esse causam dicebat, quod splendorem vidisset intensissimum, humanam faciem ostentantem, cuius intuitu cor sibi in minuta dissiliturum frustula pertimesceret: unde et ipse stupefactus, averso statim vultu, in terram corruisset atque ob eam rem suum aspectum caeteris videri horribilem[1].«

1 Fr. Blanke: Bruder Klaus von Flüe. 1948, p. 92 f. Übersetzung: »Alle, die zu ihm kamen, wurden beim ersten Anblick von großem Schrecken erfüllt. Über die Ursache dieses Schreckens pflegte er selber zu sagen, daß er ein durch-

Sehr mit Recht wird diese Vision mit derjenigen von Apok. I, 13 ff. in Beziehung gesetzt[1], nämlich mit jenem eigenartigen apokalyptischen Christusbild, das in puncto Unheimlichkeit und Ungewöhnlichkeit nur noch von dem monströsen siebenäugigen Lamm mit den sieben Hörnern (Apok. V, 6 f.) übertroffen wird. Diese Figur steht mit dem Christus der Evangelien in einem schwer zu verstehenden Verhältnis. Schon früh wurde daher diese Vision von der Tradition in bestimmter Weise gedeutet. So schreibt der Humanist KARL BOVILLUS 1508 an einen Freund: »Ich will ein Gesicht berichten, das ihm einst in sternheller Nacht, als er dem Gebet und der Betrachtung oblag, am Himmel erschien. Er sah nämlich die Gestalt eines menschlichen Antlitzes, mit schreckhaftem Gesichtsausdruck *voll Zorn und Drohungen*« usw.[2]. Diese Deutung stimmt trefflich mit der modernen Amplifikation durch Apok. I, 13 zusammen[3]. Auch darf man die anderen Visionen nicht vergessen, z. B. Christus in der Bärenhaut, Herr und Frau Gott und der Bruder Niklaus als Sohn usw. Sie zeigen zum Teil sehr undogmatische Züge.

Mit dieser großen Vision wurde traditionsgemäß das Dreifaltigkeitsbild in der Kirche von Sachseln und ebenso die Radsymbolik im sog. Pilgertraktat in Beziehung gesetzt: Bruder Niklaus zeigte dem ihn besuchenden Pilger das Radbild. Offenbar hatte ihn dieses Bild beschäftigt. BLANKE ist der Ansicht, daß, entgegen der Tradition, zwischen der Vision und dem Dreifaltigkeitsbild kein Zusammenhang bestehe[4]. Mir scheint, daß dieser Skeptizismus etwas zu weit geht. Das Interesse des Bruders für das Radbild muß einen Grund gehabt haben. Derartige Visionen bewirken häufig Verwirrung und Auflösung (das Herz,

dringendes Licht gesehen, das ein menschliches Antlitz darstellte. Bei diesem Anblick habe er gefürchtet, sein Herz möchte ihm in kleine Stücke zerspringen. Deshalb habe er, von Schrecken betäubt, sein Gesicht sofort abgewendet, sei auf die Erde gestürzt, und das sei der Grund, warum den anderen sein Anblick schreckenerregend sei.«

1 Blanke: l. c. p. 94.

2 P. Alban Stöckli O. M. Cap.: Die Visionen des seligen Bruder Klaus. 1933, p. 34.

3 M. B. Lavaud O. P. (Vie Profonde de Nicolas de Flue, 1942) parallelisiert in ebenso treffender Weise mit einem Text des Horologium Sapientiae des Heinrich Seuse, in welchem der apokalyptische Christus als wütender und zorniger Rächer erscheint, sehr im Gegensatz zu dem Jesus der Bergpredigt.

4 Blanke: l. c. p. 95 ff.

das »in Stücke zerspringt«). Die Erfahrung lehrt, daß der »hegende Kreis«, das Mandala, das althergebrachte Antidot für chaotische Geisteszustände ist. Es ist darum nur allzu begreiflich, daß der Bruder vom Radsymbol fasziniert war. Die Deutung der Schreckensvision als Gotteserlebnis dürfte ebenfalls nicht abwegig sein. Der Zusammenhang zwischen der großen Vision und dem Sachseler Dreifaltigkeitsbild bzw. dem Radsymbol erscheint mir darum auch aus inneren, psychologischen Gründen als sehr wahrscheinlich.

Diese ganz ohne Zweifel schreckenerregende Vision, welche ohne dogmatische Einleitung und ohne exegetischen Kommentar vulkanisch in die religiöse Anschauungswelt des Bruders eingebrochen war, bedurfte natürlicherweise einer längeren Angleichungsarbeit, um sie der Seele und ihrer Gesamtschau einzuordnen und damit das gestörte Gleichgewicht wieder herzustellen. Die Auseinandersetzung mit diesem Erlebnis erfolgte auf dem damals felsenfesten Boden des Dogmas, welches seine assimilierende Kraft dadurch bewies, daß es das furchtbare Lebendige rettend in die schöne Anschaulichkeit der Trinitätsidee verwandelte. Die Auseinandersetzung hätte aber auch auf dem ganz anderen Boden der Vision selber und ihrer unheimlichen Tatsächlichkeit erfolgen können, wahrscheinlich zum Nachteil des christlichen Gottesbegriffes und zum unzweifelhaft noch größeren Nachteil des Bruders selbst, der nämlich dann nicht ein Heiliger, sondern vielleicht ein Ketzer (wenn nicht gar ein Kranker) geworden wäre und sein Leben vielleicht auf dem Scheiterhaufen geendet hätte.

Dieses Beispiel zeigt die Nützlichkeit des dogmatischen Symbols: es formuliert ein ebenso gewaltiges wie gefährlich-entscheidendes seelisches Erlebnis, das um seiner Übermacht willen mit Recht als »Gotteserfahrung« bezeichnet wird, in einer dem menschlichen Auffassungsvermögen erträglichen Art und Weise, ohne den Umfang des Erlebten wesentlich zu beeinträchtigen, noch dessen überragender Bedeutung schädlichen Abbruch zu tun. Das Gesicht des göttlichen Zornes, dem wir – in gewissem Sinne – auch bei Jakob Boehme begegnen, will sich schlecht mit dem neutestamentlichen Gott, dem liebenden Vater im Himmel einen, weshalb es leicht zur Quelle eines inneren Konfliktes hätte werden können. Dergleichen hätte sogar im Geist der Zeit gelegen – Ende des 15. Jahrh., der Zeit eines Nicolaus Cusanus, welcher durch die Formel der »complexio oppositorum« dem drohenden Schisma vorgreifen wollte! Nicht lange danach erlebte der jahwistische Gottesbegriff eine Reihe von Wiedergeburten im Protestantismus. Jahwe ist ein Gottesbegriff, der noch ungetrennte Gegensätze enthält.

Bruder Klaus hat sich außerhalb der Gewohnheit und des Hergebrachten gestellt, indem er Haus und Familie verließ, lange allein lebte und tief in den dunkeln Spiegel blickte, so daß ihm das Wunder- und Furchtbare der Urerfahrung geschah. In dieser Situation wirkte das durch viele Jahrhunderte entwickelte dogmatische Bild der Gottheit wie ein rettender Heiltrank. Es half ihm, den fatalen Einbruch eines archetypischen Bildes zu assimilieren und damit seiner eigenen Zerreißung zu entgehen. Angelus Silesius war nicht so glücklich; ihn hat der innere Kontrast zersetzt, denn zu seiner Zeit war die Festigkeit der Kirche, welche das Dogma garantiert, bereits erschüttert.

Jakob Boehme kennt einen Gott des »Zornfeuers«, einen wahren Absconditus. Aber er vermochte den tief empfundenen Gegensatz einerseits durch die christliche Formel Vater-Sohn zu überbrücken und seiner gnostischen, aber in allen wesentlichen Punkten doch christlichen Weltanschauung spekulativ einzugliedern, sonst wäre er zum Dualisten geworden. Andererseits ist ihm zweifellos die Alchemie, welche schon lange im geheimen die Gegensatzvereinigung vorbereitete, zu Hilfe gekommen. Immerhin hat der Gegensatz in seinem Mandala, welches den »Vierzig Fragen über die Seele« beigegeben ist und das Wesen der Gottheit darstellt, noch deutliche Spuren hinterlassen, indem dieses in eine dunkle und eine helle Hälfte geteilt ist, und die entsprechenden Halbkreise, statt sich zu schließen, den Rücken gegeneinander kehren [1].

Das Dogma ersetzt das kollektive Unbewußte, indem es dieses in weitem Umfang formuliert. Die katholische Lebensform kennt daher eine psychologische Problematik in diesem Sinne prinzipiell nicht. Das Leben des kollektiven Unbewußten ist fast restlos in den dogmatischen, archetypischen Vorstellungen aufgefangen und fließt als

1 Vgl. Gestaltungen des Unbewußten. 1950, p. 96, Tafel 3.

gebändigter Strom in der Symbolik des Credo und des Rituals. Sein Leben offenbart sich in der Innerlichkeit der katholischen Seele. Das kollektive Unbewußte, so wie wir es heute kennen, war überhaupt nie psychologisch, denn vor der christlichen Kirche gab es antike Mysterien, welche sich bis in die graue Vorzeit des Neolithicums hinauf erstreckten. Nie gebrach es der Menschheit an kräftigen Bildern, welche magischen Schutz verliehen gegen das unheimlich Lebendige der Seelentiefe. Immer waren die Gestalten des Unbewußten durch schützende und heilende Bilder ausgedrückt und damit hinausgewiesen in den kosmischen, außerseelischen Raum.

Der Bildersturm der Reformation hat aber wortwörtlich eine Bresche in den Schutzwall der heiligen Bilder geschlagen, und seitdem bröckelt eines nach dem anderen ab. Sie wurden mißlich, denn sie kollidierten mit der erwachenden Vernunft. Zudem hatte man schon längst zuvor vergessen, was sie meinten. Hatte man es wirklich vergessen? Oder hatte man vielleicht überhaupt nie gewußt, was sie bedeuteten, und fiel es vielleicht erst in neuerer Zeit der protestantischen Menschheit auf, daß man eigentlich doch gar nicht wisse, was mit der jungfräulichen Geburt, der Gottheit Christi oder den Komplexitäten der Dreieinigkeit gemeint sein soll? Fast scheint es so, als ob diese Bilder bloß gelebt hätten, und als ob ihre lebendige Existenz einfach hingenommen worden wäre, ohne Zweifel und ohne Reflexion, etwa so, wie alle Leute Weihnachtsbäume schmücken und Ostereier verstecken, ohne überhaupt je zu wissen, was die Gebräuche bedeuten. Archetypische Bilder sind eben a priori so bedeutungsvoll, daß man schon gar nie danach fragt, was sie eigentlich meinen könnten. Darum sterben von Zeit zu Zeit die Götter, weil man plötzlich entdeckt, daß sie nichts bedeuten, daß sie von Menschenhand gemachte, aus Holz und Stein geformte Nichtsnutzigkeiten sind. In Wirklichkeit hat der Mensch dabei nur entdeckt, daß er bis dahin über seine Bilder überhaupt nichts gedacht hat. Und wenn er anfängt, darüber zu denken, so tut er es unter Beihilfe dessen, das er »Vernunft« nennt, was aber in Wirklichkeit nichts anderes ist als die Summe seiner Voreingenommenheiten und Kurzsichtigkeiten.

Die Entwicklungsgeschichte des Protestantismus ist ein chronischer Bildersturm. Eine Mauer um die andere fiel. Und allzu schwierig war die Zerstörung auch nicht, nachdem die Autorität der Kirche einmal erschüttert war. Wir wissen, wie im großen und im kleinen, im allgemeinen und im einzelnen, Stück um Stück zerfiel, und wie die jetzt herrschende, erschreckende Symbolarmut zustande kam. Damit ist auch die Kraft der Kirche geschwunden; eine Festung, die ihrer Bastionen und Kasematten beraubt ist; ein Haus, dessen Wände herausgebrochen sind, allen Winden der Welt und aller Gefährdung preisgegeben. Eigentlich ein beklagenswerter Zusammenbruch, welcher das historische Gefühl schmerzt, ist doch die Aufsplitterung des Protestantismus in einige Hundert Denominationen ein untrügliches Zeichen dafür, daß die Beunruhigung anhält. Der protestantische Mensch ist eigentlich in eine Schutzlosigkeit hinausgestoßen, vor der es dem natürlichen Menschen grauen könnte. Das aufgeklärte Bewußtsein will allerdings davon nichts wissen, sucht aber in aller Stille anderswo, was in Europa verlorenging. Man forscht nach den wirkenden Bildern, den Anschauungsformen, welche die Beunruhigung von Herz und Sinn befriedigen, und findet die Schätze des Ostens. An und für sich ist dagegen nichts einzuwenden. Niemand hat die Römer gezwungen, asiatische Kulte als Massenartikel zu importieren. Hätte den germanischen Völkern das sogenannte artfremde Christentum wirklich zutiefst nicht gepaßt, so hätten sie es leicht wieder abstoßen können, als das Prestige der römischen Legionen verblichen war. Es ist aber geblieben, denn es entspricht der vorhandenen archetypischen Vorlage. Aber es ist im Laufe der Jahrhunderte zu etwas geworden, worüber sich sein Stifter nicht schlecht gewundert hätte, hätte er es noch erlebt; und wie das Christentum der Neger und der Indianer beschaffen ist, gäbe auch einigen Anlaß zu historischen Betrachtungen. Warum also sollte der Westen nicht östliche Formen assimilieren? Die Römer gingen ja auch nach Eleusis, Samothrake und Ägypten, um sich einweihen zu lassen. In Ägypten scheint es sogar eine richtige Touristik dieser Art gegeben zu haben.

Die Götter von Hellas und Rom gingen an derselben Krankheit zugrunde wie unsere christlichen Symbole: damals wie heute entdeckten die Menschen, daß sie sich nichts darunter gedacht hatten. Die Götter der Fremden hingegen hatten noch unverbrauchtes Mana. Ihre Namen waren seltsam und unverständlich und ihre Taten ahnungsreich dunkel, ganz anders als die ausgeleierte chronique scandaleuse des Olymp. Die asiatischen Symbole verstand man wenigstens nicht, und deshalb waren sie nicht banal wie die altgewohnten Götter. Daß man das Neue aber ebenso unbesehen übernahm, wie man das Alte weggelegt hatte, wurde damals nicht zum Problem.

Wird es heute Problem? Werden wir fertige Symbole, gewachsen auf exotischem Boden, durchtränkt mit fremdem Blut, gesprochen in fremden Zungen, genährt von fremder Kultur, gewandelt in fremder Geschichte, anziehen können wie ein neues Kleid? Ein Bettler, der sich in königliches Gewand hüllt; ein König, der sich als Bettler verkleidet? Ohne Zweifel, es ist möglich. Oder gibt es in uns irgendwo einen Befehl, keinen Mummenschanz zu treiben, sondern vielleicht sogar unser Gewand selber zu nähen?

Ich bin überzeugt, daß die zunehmende Verarmung an Symbolen einen Sinn hat. Diese Entwicklung hat eine innere Konsequenz. Alles, worüber man sich nichts dachte, und das dadurch eines sinngemäßen Zusammenhangs mit dem sich ja weiterentwickelnden Bewußtsein ermangelte, ist verlorengegangen. Wenn man nun versuchte, seine Blöße mit orientalischen Prunkgewändern zu verhüllen, wie es die Theosophen tun, so würde man seiner eigenen Geschichte untreu. Man wirtschaftet sich nicht zuerst zum Bettler hinunter, um nachher als indischer Theaterkönig zu posieren. Weit besser schiene es mir, sich entschlossen zur *geistlichen Armut der Symbollosigkeit* zu bekennen, anstatt sich ein Besitztum vorzutäuschen, dessen legitime Erben wir auf keinen Fall sind. Wohl sind wir die rechtmäßigen Erben der christlichen Symbolik, aber dieses Erbe haben wir irgendwie vertan. Wir haben das Haus zerfallen lassen, das unsre Väter gebaut, und versuchen nun, in orientalische Paläste einzubrechen, die unsere Väter nie kannten. Wer die historischen Symbole verloren hat und sich mit »Ersatz« nicht begnügen kann, ist heute allerdings in einer schwierigen Lage: vor ihm gähnt das Nichts, vor dem man sich mit Angst abwendet. Schlimmer noch: das Vakuum füllt sich mit absurden politischen und sozialen Ideen, die sich allesamt durch geistige Öde auszeichnen. Wer sich aber mit dieser schulmeisterlichen Besserwisserei nicht abfinden kann, sieht sich gezwungen, von seinem sogenannten Gottvertrauen ernstlich Gebrauch zu machen, wobei es sich dann allerdings meist herausstellt, daß die Angst noch überzeugender ist. Sie ist allerdings nicht unberechtigt, denn wo Gott am nächsten, scheint die Gefahr am größten zu sein. Es ist nämlich gefährlich, sich zur geistlichen Armut zu bekennen; denn wer arm ist, begehrt, und wer begehrt, zieht ein Schicksal auf sich. Ein schweizerisches Sprichwort sagt es drastisch: »Hinter jedem Reichen steht ein Teufel, und hinter jedem Armen – zwei.« Wie im Christentum das Gelöbnis der weltlichen Armut den Sinn von den Gütern der Welt abwandte, so will auch die geistliche Armut den falschen Reichtümern des Geistes entsagen, um sich zurückzuziehen, nicht nur von den kärglichen Überresten einer großen Vergangenheit, welche sich heute protestantische »Kirche« nennen, sondern auch von allen Lockungen des exotischen Geruches, um bei sich einzukehren, wo im kalten Lichte des Bewußtseins sich die Kahlheit der Welt bis zu den Gestirnen weitet. Wir haben diese Armut von unseren Vätern schon ererbt. Ich erinnere mich noch wohl an meinen Konfirmationsunterricht, den ich von meinem eigenen Vater empfing. Der Katechismus langweilte mich unaussprechlich. Ich blätterte einmal in dem kleinen Büchlein, um irgend etwas Interessantes zu finden, und mein Blick fiel auf den Paragraphen über die Dreieinigkeit. Das interessierte mich, und ich erwartete mit Ungeduld, bis der Unterricht zu jenem Abschnitt vorrückte. Als nun die ersehnte Stunde kam, sagte mein Vater: »Diesen Abschnitt wollen wir überschlagen, ich begreife selber nichts davon.« Damit war meine letzte Hoffnung begraben. Ich bewunderte zwar die Ehrlichkeit meines Vaters, was mir aber über die Tatsache nicht hinweghalf, daß von da an alles religiöse Gerede mich tödlich langweilte.

Unser Intellekt hat Ungeheures geleistet, derweilen unser geistliches Haus zerfallen ist. Wir sind gründlichst davon überzeugt, daß man auch mit dem neuesten und größten Reflektor, der in Amerika gebaut wird, hinter den fernsten Sternennebeln kein Empyreum entdecken wird, und wir wissen, daß unser Blick verzweifelt durch die tote Leere unermeßlicher Erstreckungen irren wird. Und es wird nicht besser, wenn uns die Welt des unendlich Kleinen durch die mathematische Physik enthüllt wird. Schließlich graben wir die Weisheit aller Zeiten und Völker aus und finden, daß alles Teuerste und Kostbarste schon längst in schönster Sprache gesagt ist. Man streckt wie begehrliche Kinder die Hände danach und meint, wenn man es greife, so habe man es auch. Aber was man hat, gilt nicht mehr, und die Hände werden müde vom Greifen, denn Reichtum liegt überall, soweit der Blick sich breitet. All dieser Besitz wird zu Wasser, und mehr als ein Zauberlehrling ist in diesen selbst gerufenen Gewässern schließlich ertrunken, wenn er nicht vorher dem rettenden Wahn verfiel, daß diese Weisheit gut und jene schlecht sei. Aus diesen Adepten entstehen jene beängstigenden Kranken, welche eine prophetische Mission zu haben glauben. Denn durch die künstliche Trennung von wahrer und falscher Weisheit entsteht eine solche Spannung der Seele und daraus eine solche Einsamkeit und Sucht, wie die des Morphinisten, der immer Gefährten seines Lasters zu finden hofft.

Wenn unser natürliches Erbe sich verflüchtigt hat, so ist, um mit HERAKLIT zu sprechen, auch aller Geist aus seiner feurigen Höhe heruntergestiegen. Wenn aber der Geist schwer wird, so wird er zu *Wasser*, und der *Intellekt* hat, in luziferischer Überhebung, sich des Sitzes, auf dem der Geist einst thronte, bemächtigt. Der Geist wohl darf sich die patris potestas über die Seele anmaßen, nicht aber der erdgeborene Intellekt, der ein Schwert oder ein Hammer des Menschen ist und nicht ein Schöpfer geistiger Welten, ein Vater der Seele. KLAGES hat hier wohl gezielt und SCHELERS Retablierung des Geistes war bescheiden genug, denn beide gehören einer Weltzeit an, wo Geist nicht mehr oben, sondern unten, nicht mehr Feuer, sondern Wasser ist. Der Weg der Seele, die, wie Sophia den Bythos, den verlorenen Vater sucht, führt darum zum Wasser, zu jenem dunkeln Spiegel, der in ihrem Grunde ruht. Wer immer den Stand der geistlichen Armut, das wahre Erbe eines konsequent zu Ende gelebten Protestantismus, für sich erkoren hat, gelangt auf den Weg der Seele, der zum Wasser führt. Dieses Wasser nun ist kein metaphorisches Ge-

rede, sondern lebendiges Symbol für die dunkle Psyche. Ich illustriere dies wohl am besten an einem konkreten Beispiel, das an Stelle vieler stehen möge:
Ein protestantischer Theologe träumte öfters denselben Traum, er stehe an einem Abhang, unten liegt ein tiefes Tal und darin ein dunkler See. Er weiß im Traum, daß ihn bisher immer etwas abgehalten hatte, sich dem See zu nähern. Dieses Mal beschließt er nun, zum Wasser zu gehen. Wie er sich dem Ufer nähert, wird es dunkel und unheimlich, und plötzlich huscht ein Windstoß über die Fläche des Wassers. Da packt ihn eine panische Angst, und er erwacht.
Dieser Traum zeigt die natürliche Symbolik. Der Träumer steigt in seine eigene Tiefe hinunter, und der Weg führt ihn zum geheimnisvollen Wasser. Und hier geschieht das Wunder des Teiches von Bethesda: ein Engel kommt herunter und berührt das Wasser, welches dadurch Heilkraft erlangt. Im Traume ist es der Wind, das Pneuma, das weht, wo es will. Es bedarf des Heruntersteigens des Menschen zum Wasser, um das Wunder der Wasserbelebung hervorzurufen. Der Geisteshauch, der über das dunkle Wasser huscht, ist aber unheimlich, wie alles, dessen Ursache man nicht ist oder nicht kennt. Es wird damit unsichtbare Präsenz angedeutet, ein Numen, dem weder menschliche Erwartung noch willkürliche Machenschaft Leben verliehen hat. Es lebt aus sich, und ein Schauer überfällt den Menschen, dem Geist stets nur das war, was man glaubt, was man selber macht, was in Büchern steht oder wovon die Leute reden. Wenn es aber spontan geschieht, dann ist es ein Spuk, und primitive Angst erfaßt den naiven Verstand. Ebenso haben mir die Alten der Elgonyi in Kenya das Wirken des nächtlichen Gottes beschrieben, den sie den »Macher der Angst« nennen. »Er kommt an dich«, sagten sie, »wie ein kalter Windstoß, und du schauerst, oder er geht pfeifend rund herum im hohen Gras«; ein afrikanischer Pan, der in der gespenstischen Mittagsstunde im Schilfe flötenblasend umgeht und die Hirten erschreckt.
So hat jener Pneumahauch im Traume wieder einen Pastor, einen Hirten der Herde, erschreckt, der zu nachtdunkler Zeit das Schilfufer des Wassers im tiefen Tale der Seele betrat. Wohl zur Natur, zu Baum und Fels und Gewässern

der Seele ist jener einstmals feurige Geist hinuntergestiegen, wie jener Alte in NIETZSCHES Zarathustra, welcher, der Menschheit müde, in den Wald zog, um mit den Bären zu Ehren des Schöpfers zu brummen. Den Weg des Wassers, der immer nach unten geht, muß man wohl gehen, wenn man den Schatz, das kostbare Erbe des Vaters, wieder heben will. Im gnostischen Hymnus der Seele wird der Sohn von den Eltern ausgesandt, um die Perle zu suchen, die aus der Krone des königlichen Vaters verloren ging. Sie ruht im Grunde eines tiefen, von einem Drachen bewachten Brunnens im Lande der Ägypter, der fleischeslüsternen und trunkenen Welt der Reichtümer physischer und geistiger Natur. Der Sohn und Erbe zieht aus, um das Juwel zu holen, und vergißt sich selbst und seine Aufgabe in der Orgie ägyptischer Weltlust, bis ein Brief des Vaters ihn daran erinnert, was seine Pflicht ist. Er macht sich auf zum Wasser und taucht in die dunkle Tiefe des Brunnens, wo er am Grunde die Perle findet, um sie schließlich der höchsten Gottheit darzubringen.

Dieser BARDESANES zugeschriebene Hymnus stammt aus einer Zeit, die der unseren in mehr als einer Hinsicht gleicht. Die Menschheit suchte und erwartete, und es war der *Fisch* – levatus de profundo [1] – aus der Quelle, der zum Symbol des Heilbringers wurde. Als ich diese Zeilen schrieb, erhielt ich einen Brief aus Vancouver von unbekannter Hand. Der Schreiber wundert sich über seine Träume, die sich immerfort nur mit Wasser beschäftigen: »Almost every time I dream it is about water: either I am having a bath, or the water-closet is overflowing, or a pipe is bursting, or my home has drifted down to the water edge, or I see an acquaintance about to sink into water, or I am trying to get out of water, or I am having a bath and the tub is about to overflow« usw.

Das Wasser ist das geläufigste Symbol für das *Unbewußte*. Der See im Tale ist das Unbewußte, das gewissermaßen unterhalb des Bewußtseins liegt, weshalb es auch öfters als das »Unterbewußte« bezeichnet wird, nicht selten mit dem unangenehmen Beigeschmack eines minderwertigen Bewußtseins. Das Wasser ist der »Talgeist«, der Wasserdrache des Tao, dessen Natur dem Wasser gleicht, ein in

1 Augustin: Confess. Lib. XIII, cap. XXI.

Yin aufgenommenes Yang. Wasser heißt darum psychologisch: Geist, der unbewußt geworden ist. Darum sagt der Traum des Theologen auch ganz richtig, daß er am Wasser die Wirkung des lebendigen Geistes wie ein Heilungswunder im Teiche von Bethesda erleben könne. Der Abstieg in die Tiefe scheint dem Aufstieg immer voranzugehen. So träumte ein anderer Theologe[1], daß er auf einem Berge eine Art Gralsschloß erblickte. Er ging auf einer Straße, die anscheinend gerade zum Fuß des Berges und zum Aufstieg führte. Als er sich aber dem Berge näherte, da entdeckte er zu seiner großen Enttäuschung, daß ihn ein Abgrund vom Berge trennte, eine finstere, tiefe Schlucht, in der ein unterweltliches Wasser rauschte. Es führte zwar ein steiler Pfad in die Tiefe und kletterte auf der anderen Seite wieder mühsam empor. Aber die Aussicht empfahl sich nicht, und der Träumer erwachte. Auch hier tritt dem Träumer, der nach lichter Höhe strebt, die Notwendigkeit des Eintauchens in eine dunkle Tiefe zuerst entgegen und enthüllt sich als unerläßliche Bedingung höheren Aufstieges. In dieser Tiefe droht Gefahr, die der Kluge vermeidet und damit aber auch das Gut verscherzt, das ein mutiges aber unkluges Wagnis erringen könnte.

Die Aussage des Träumers stößt auf heftige Widerstände von seiten des Bewußtseins, welches »Geist« nur als etwas in der Höhe Befindliches kennt. »Geist« kommt anscheinend immer von oben. Von unten kommt alles Trübe und Verwerfliche. Geist bedeutet für diese Auffassung höchste Freiheit, ein Schweben über Tiefen, eine Enthaftung vom Gefängnis des Chthonischen und deshalb ein Refugium für alle Ängstlichen, die nicht »werden« wollen. Wasser aber ist irdisch tastbar, ist auch die Flüssigkeit des triebbeherrschten Körpers, das Blut und die Blutrünstigkeit, der Geruch des Tieres und die leidenschaftsschwere Körperlichkeit. Das Unbewußte ist jene Psyche, die aus der Tageshelle eines geistig und sittlich klaren Bewußtseins hinunterreicht in jenes Nervensystem, das als *Sympathicus* seit alters bezeichnet wird, und nicht wie das Cerebrospinalsystem Wahr-

1 Daß es wiederum der Traum eines Theologen ist, erstaunt darum nicht, weil ein Pfarrer schon rein professionell mit dem Motiv des Aufstiegs beschäftigt ist. Er muß so oft davon sprechen, daß die Frage naheliegt, wie wohl sein eigener geistiger Aufstieg beschaffen sei.

nehmung und Muskeltätigkeit unterhält und damit den umgebenden Raum beherrscht, sondern ohne Sinnesorgane das Gleichgewicht des Lebens erhält und auf geheimnisvollen Wegen durch Miterregung nicht nur Kunde vom innersten Wesen anderen Lebens vermittelt, sondern auch auf dieses innere Wirkung ausstrahlt. Es ist in diesem Sinne ein äußerst kollektives System, die eigentliche Grundlage aller participation mystique, während die cerebrospinale Funktion in der Absonderung der Ichbestimmtheit gipfelt und stets nur durch das Medium des Raumes Oberflächen und Äußerlichkeiten erfaßt. Letzteres erlebt alles als Außen, ersteres aber alles als Innen.

Das Unbewußte nun gilt gemeiniglich als eine Art von abgekapselter persönlicher Intimität, was die Bibel etwa als »Herz« bezeichnet und u. a. als den Ursprungsort aller bösen Gedanken auffaßt. In den Kammern des Herzens wohnen die schlimmen Blutgeister, rascher Zorn und sinnliche Schwäche. So sieht das Unbewußte aus, wenn vom Bewußtsein betrachtet. Das Bewußtsein scheint aber wesentlich eine Angelegenheit des Großhirns zu sein, das alles zertrennt und in Vereinzelung sieht, also auch das Unbewußte, welches durchaus als *mein* Unbewußtes betrachtet wird. Man meint daher allgemein, daß, wer ins Unbewußte hinuntersteige, in die drangvolle Enge egozentrischer Subjektivität gerate und in dieser Sackgasse dem Angriff aller bösen Tiere, welche die Höhle der seelischen Unterwelt beherbergen soll, ausgeliefert sei.

Wer in den *Spiegel* des Wassers blickt, sieht allerdings zunächst sein eigenes Bild. Wer zu sich selber geht, riskiert die Begegnung mit sich selbst. Der Spiegel schmeichelt nicht, er zeigt getreu, was in ihn hineinschaut, nämlich jenes Gesicht, das wir der Welt nie zeigen, weil wir es durch die Persona, die Maske des Schauspielers, verhüllen. Der Spiegel aber liegt hinter der Maske und zeigt das wahre Gesicht. Dies ist die erste Mutprobe auf dem inneren Wege, eine Probe, die genügt, um die meisten abzuschrecken, denn die Begegnung mit sich selber gehört zu den unangenehmeren Dingen, denen man entgeht, solange man alles Negative auf die Umgebung projizieren kann. Ist man imstande, den eigenen *Schatten* zu sehen und das Wissen um ihn zu ertragen, so ist erst ein kleiner Teil der Aufgabe gelöst: man hat wenigstens das *persönliche Unbewußte* aufgehoben. Der Schatten aber ist ein lebendiger Teil der Persönlichkeit und will darum in irgendeiner Form mitleben. Man kann ihn nicht wegbeweisen oder in Harmlosigkeit umvernünfteln. Dieses Problem ist unverhältnismäßig schwierig, denn es ruft nicht nur den ganzen Menschen auf den Plan, sondern erinnert ihn zugleich an seine Hilflosigkeit und an sein Unvermögen. Starke Naturen – oder soll man eher sagen schwache? – lieben diese Anspielung nicht, sondern ersinnen sich irgendein heroisches Jenseits von Gut und Böse und zerhauen den Gordischen Knoten, statt ihn zu lösen. Die Rechnung muß aber über kurz oder lang doch beglichen werden. Man muß es sich schon zugestehen: es gibt Probleme, die man mit den eigenen Mitteln schlechthin nicht lösen kann. Ein solches Eingeständnis hat den Vorteil der Ehrlichkeit, der Wahrheit und der Wirklichkeit, und damit ist der Grund gelegt für eine kompensatorische Reaktion des kollektiven Unbewußten, d. h. man ist jetzt geneigt, einem hilfreichen Einfall Gehör zu schenken oder Gedanken wahrzunehmen, die man vordem nicht zum Worte kommen ließ. Man wird vielleicht auf Träume achten, die sich in solchen Momenten einstellen, oder gewisse Ereignisse bedenken, die sich gerade zu dieser Zeit in uns abspielen. Hat man eine derartige Einstellung, so können hilfreiche Kräfte, die in der tieferen Natur des Menschen schlummern, erwachen und eingreifen, denn die Hilflosigkeit und die Schwäche sind das ewige Erlebnis und die ewige Frage der Menschheit, und darauf gibt es auch eine ewige Antwort, sonst wäre der Mensch schon längst zugrunde gegangen. Wenn man alles getan hat, was man tun konnte, dann bleibt nur noch jenes übrig, das man noch tun könnte, wenn man es wüßte. Wieviel weiß aber der Mensch von sich selber? Es ist nach aller Erfahrung sehr wenig. Für das Unbewußte bleibt daher noch viel Raum übrig. Das Gebet erfordert bekanntlich eine sehr ähnliche Einstellung und hat daher auch entsprechende Wirkung.

Die nötige und benötigte Reaktion des kollektiven Unbewußten drückt sich in archetypisch geformten Vorstellungen aus. Die Begegnung mit sich selber bedeutet zunächst die Begegnung mit dem eigenen Schatten. Der Schatten ist allerdings ein Engpaß, ein schmales Tor, dessen peinliche

Enge keinem, der in den tiefen Brunnen hinuntersteigt, erspart bleibt. *Man muß aber sich selber kennenlernen, damit man weiß, wer man ist,* denn das, was nach dem Tore kommt, ist unerwarteterweise eine grenzenlose Weite voll unerhörter Unbestimmtheit, anscheinend kein Innen und kein Außen, kein Oben und kein Unten, kein Hier oder Dort, kein Mein und kein Dein, kein Gutes und kein Böses. Es ist die Welt des Wassers, in der alles Lebendige suspendiert schwebt, wo das Reich des »Sympathicus«, der Seele alles Lebendigen, beginnt, wo ich untrennbar dieses und jenes bin, wo ich den anderen in mir erlebe, und der andere als Ich mich erlebt. Das kollektive Unbewußte ist alles weniger als ein abgekapseltes, persönliches System, es ist weltweite und weltoffene Objektivität. Ich bin das Objekt aller Subjekte in völligster Umkehrung meines gewöhnlichen Bewußtseins, wo ich stets Subjekt bin, welches Objekte *hat.* Dort bin ich in der unmittelbarsten Weltverbundenheit dermaßen angeschlossen, daß ich nur allzuleicht vergesse, wer ich in Wirklichkeit bin. »In sich selbst verloren« ist ein gutes Wort, um diesen Zustand zu kennzeichnen. Dieses Selbst aber ist die Welt, oder eine Welt, wenn ein Bewußtsein es sehen könnte. Darum muß man wissen, *wer* man ist. Kaum berührt uns nämlich das Unbewußte, so ist man es schon, indem man seiner selber unbewußt wird. Das ist die Urgefahr, die dem primitiven Menschen, der ja selber noch so nahe diesem Pleroma steht, instinktmäßig bekannt und ein Gegenstand des Schreckens ist. Seine Bewußtheit ist nämlich noch unsicher und steht auf schwankenden Füßen. Sie ist noch kindlich, eben aufgetaucht aus den Urwassern. Leicht kann eine Woge des Unbewußten über sie hinwegschlagen, und er vergißt, wer er war, und tut Dinge, in denen er sich selbst nicht mehr kennt. Deshalb scheuen Primitive unbeherrschte Affekte, weil in solchen allzuleicht das Bewußtsein untergeht und der *Besessenheit* Raum gibt. Alles Trachten der Menschheit ging daher nach *Befestigung des Bewußtseins.* Diesem Zwecke dienten die Riten, die »représentations collectives«, die Dogmata; sie waren Dämme und Mauern, errichtet gegen die Gefahren des Unbewußten, die »perils of the soul«. Der primitive Ritus besteht darum in Geisterbannung, Enthexung, Abwendung des bösen Omens, Propitiierung, Purifikation und analogischer, d. h. magischer Herstellung des hilfreichen Geschehens.

Es sind diese seit Urzeit errichteten Mauern, welche später zu den Fundamenten der Kirche wurden. Es sind darum auch diese Mauern, die einstürzen, wenn die Symbole altersschwach werden. Dann steigen die Wasser höher, und uferlose Katastrophen brechen über die Menschheit herein. Der religiöse Führer, der sogenannte Loco Tenente Gobernador der Taospueblo sagte mir einmal: »Die Amerikaner sollten aufhören, unsere Religion zu stören, denn wenn diese zugrunde geht, und wir der Sonne, unserem Vater, nicht mehr helfen können, über den Himmel zu gehen, dann werden die Amerikaner und die ganze Welt bis in zehn Jahren etwas erleben; dann wird nämlich die Sonne nicht mehr aufgehen.« Das heißt, es wird Nacht, das Licht des Bewußtseins erlischt, und das dunkle Meer des Unbewußten bricht herein. Ob primitiv oder nicht, die Menschheit steht immer an den Grenzen jener Dinge, die sie selber tut und doch nicht beherrscht. Alle Welt will den Frieden und alle Welt rüstet zum Kriege nach dem Axiom: si vis pacem, para bellum, um nur *ein* Beispiel zu nennen. Die Menschheit vermag nichts gegen die Menschheit, und Götter, wie nur je, weisen ihr die Schicksalswege. Wir nennen die Götter heute »Faktoren«, was von facere = machen kommt. Die Macher stehen hinter den Kulissen des Welttheaters. Es ist im großen wie im kleinen. Im Bewußtsein sind wir unsere eigenen Herren; wir sind anscheinend die »Faktoren« selber. Schreiten wir aber durch das Tor des Schattens, so werden wir mit Schrecken inne, daß wir Objekte von Faktoren sind. Solches zu wissen, ist entschieden unangenehm; denn nichts enttäuscht mehr, als die Entdeckung unserer Unzulänglichkeit. Es gibt sogar Anlaß zu primitiver Panik, denn die ängstlich geglaubte und gehütete Suprematie des Bewußtseins, die in der Tat ein Geheimnis menschlichen Erfolges ist, wird gefährlich in Frage gestellt. Da aber Unwissenheit keine Sicherheit verbürgt, sondern im Gegenteil die Unsicherheit noch vermehrt, so ist es wohl besser, trotz aller Scheu um unsere Bedrohtheit zu wissen. Richtige Fragestellung bedeutet schon die halbe Lösung eines Problems. Auf alle Fälle wissen wir dann, daß die größte Gefahr, die uns bedroht, aus der Unabsehbarkeit der psychischen Reaktion

stammt. Einsichtige haben deshalb schon seit geraumer Zeit verstanden, daß äußere historische Bedingungen irgendwelcher Art nur die Anlässe zu den wirklichen daseinsbedrohenden Gefahren bilden, nämlich zu politisch-sozialen Wahnbildungen, die nicht kausal als notwendige Folgen äußerer Bedingungen, sondern als Entscheidungen des Unbewußten aufzufassen sind.
Diese Problematik ist neu, denn alle Zeiten vor uns glaubten noch an Götter in irgendeiner Form. Es bedurfte schon einer beispiellosen Verarmung an Symbolik, um die Götter als psychische Faktoren, nämlich als Archetypen des Unbewußten wieder zu entdecken. Diese Entdeckung ist wohl vorderhand noch unglaubwürdig. Zur Überzeugung bedarf es jener Erfahrung, die im Traume des Theologen skizziert ist, nur dann wird die Selbsttätigkeit des Geistes über den Wassern erfahren. Seitdem die Sterne vom Himmel gefallen und unsere höchsten Symbole verblaßt sind, herrscht geheimes Leben im Unbewußten. Deshalb haben wir heutzutage eine Psychologie, und deshalb reden wir vom Unbewußten. All dies wäre und ist auch in der Tat ganz überflüssig in einer Zeit und in einer Kulturform, welche Symbole hat. Denn diese sind Geist von oben, und dann ist auch der Geist oben. Darum wäre es für solche Menschen ein törichtes und sinnloses Unterfangen, ein Unbewußtes erleben oder erforschen zu wollen, das nichts enthält als das stille, ungestörte Walten der Natur. Unser Unbewußtes aber birgt belebtes Wasser, d. h. naturhaft gewordenen Geist, um dessentwillen es aufgestört ist. Der Himmel ist uns physikalischer Weltraum geworden, und das göttliche Empyreum eine schöne Erinnerung, wie es einstmals war. Unser »Herz aber glüht«, und geheime Unruhe benagt die Wurzeln unseres Seins: mit der Völuspâ können wir fragen:

»Was murmelt noch Wotan mit Mimirs Haupt?
Schon kocht es im Quell –«.

Die Beschäftigung mit dem Unbewußten ist uns eine Lebensfrage. Es handelt sich um geistiges Sein oder Nichtsein. Alle jene Menschen, denen die im erwähnten Traum angedeutete Erfahrung zugestoßen ist, wissen, daß der Schatz in der Wassertiefe ruht, und sie werden ihn zu heben versuchen. Da sie nie vergessen dürfen, wer sie sind, so dürfen sie ihr Bewußtsein unter keinen Umständen verlieren. Sie werden also ihren Standpunkt auf der Erde festhalten; sie werden damit – um im Gleichnis zu bleiben – zu *Fischern*, welche das, was im Wasser schwimmt, mit Angel und Netz fangen. Wenn es reine und unreine Toren gibt, die nicht verstehen, was die Fischer tun, so werden diese letzteren am säkularen Sinn ihres Tuns nicht irre werden, denn das Symbol ihres Handwerkes ist um viele Jahrhunderte älter als die unverwelkte Kunde vom heiligen Gral. Aber nicht jeder ist ein Fischer. Manchmal bleibt diese Figur auch auf ihrer instinktiven Vorstufe stehen, und dann ist's ein Fischotter, wie wir z. B. aus OSCAR A. H. SCHMITZ's Fischotter-Märchen wissen.

Wer ins Wasser schaut, sieht zwar sein eigenes Bild, aber dahinter tauchen bald lebendige Wesen auf; Fische sind es wohl, harmlose Bewohner der Tiefe – harmlos, wenn der See nicht für viele gespenstisch wäre. Es sind Wasserwesen besonderer Art. Manchmal geht dem Fischer eine Nixe ins Garn, ein weiblicher, halbmenschlicher Fisch[1]. Nixen sind berückende Wesen:

»Halb zog sie ihn, halb sank er hin
Und ward nicht mehr gesehn.«

Die Nixe ist eine noch instinktivere Vorstufe eines zauberischen weiblichen Wesens, welches wir als *Anima* bezeichnen. Es können auch Sirenen, Melusinen[2], Waldfrauen, Huldinnen und Erlkönigstöchter, Lamien und Sukkuben sein, welche Jünglinge betören und ihnen das Leben aussaugen. Diese Figuren seien Projektionen von sehnsüchtigen Gefühlszuständen und von Phantasien verwerflicher Art, wird der moralische Kritiker sagen. Man kann nicht umhin, eine gewisse Berechtigung dieser Feststellung einzusehen. Aber ist es die ganze Wahrheit? Ist das Nixenwesen wirklich nichts als ein Produkt einer moralischen Erschlaffung? Hat es nicht schon längst solche Wesen gegeben und dies schon in einer Zeit, da das dämmernde menschliche Be-

1 Vgl. dazu Paracelsus: De vita longa, herausgegeben von Adam von Bodenstein 1562, und meinen Kommentar dazu in Paracelsica, 1942.

2 Vgl. dazu das Bild des Adepten im *Liber Mutus* von 1677. Er fischt und fängt eine *Nixe*. Seine soror mystica aber fängt mit ihrem Garn *Vögel*, welche den Animus darstellen. Die Idee der Anima findet sich mehrfach in der Literatur des XVI. und XVII. Jahrhunderts, so bei Richardus Vitus, Aldrovandus und dem Kommentator des Tractatus Aureus. Siehe meinen Aufsatz über das »Rätsel von Bologna« in: Mysterium Coniunctionis. Zürich 1955, Bd. I, p. 56.

wußtsein noch ganz naturgebunden war? Zuerst wohl waren die Geister in Wald und Feld und Wasserläufen, längst bevor eine Frage von moralischem Gewissen existierte. Überdies waren diese Wesen ebensosehr gefürchtet, so daß ihre etwas merkwürdigen erotischen Allüren nur relativ charakteristisch sind. Das Bewußtsein war damals sehr viel einfacher, und sein Besitzstand lächerlich klein. Unendlich vieles von dem, was wir heute als Bestandteil unseres eigenen psychischen Wesens empfinden, tummelt sich beim Primitiven noch fröhlich projiziert auf weiter Flur.

Das Wort »Projektion« paßt eigentlich schlecht, denn es ist nichts aus der Seele hinausgeworfen worden, sondern vielmehr ist die Psyche durch eine Reihe von *Introjektionsakten* zu der Komplexität geworden, als die wir sie heute kennen. Ihre Komplexität hat zugenommen, proportional der Naturentgeisterung. Eine unheimliche Huldin von Anno dazumal heißt heute »erotische Phantasie«, welche unser Seelenleben in peinlicher Weise kompliziert. Sie begegnet uns zwar nicht weniger als eine Nixe; sie ist obendrein wie ein Succubus; sie verwandelt sich in vielerlei Gestalten wie eine Hexe und zeigt überhaupt eine unerträgliche Selbständigkeit, die einem psychischen Inhalt von Rechts wegen eigentlich nicht zukäme. Gelegentlich verursacht sie Faszinationen, die es mit der besten Behexung aufnehmen können, oder Angstzustände, die sich von keiner Teufelserscheinung übertrumpfen lassen. Sie ist ein neckisches Wesen, das in vielen Verwandlungen und Verkleidungen uns über den Weg läuft, uns allerhand Streiche spielt, selige und unselige Täuschungen, Depressionen und Ekstasen, unbeherrschte Affekte usw. verursacht. Auch im Zustande vernünftiger Introjektion hat die Nixe ihr Schalkwesen nicht abgelegt. Die Hexe hat nicht aufgehört, ihre schmutzigen Liebes- und Todestränke zu mischen, aber ihr magisches Gift ist zur Intrige und Selbsttäuschung verfeinert, unsichtbar zwar, aber nicht weniger gefährlich.

Woher aber kommt uns der Mut, diese Elfin als »anima« zu bezeichnen? »Anima« heißt doch Seele und bezeichnet etwas sehr Wunderbares und Unsterbliches. Dem war aber nicht immer so. Man darf nicht vergessen, daß diese Art Seele eine dogmatische Vorstellung ist, welche den Zweck

hat, etwas unheimlich Selbsttätiges und Lebendiges zu bannen und einzufangen. Das deutsche Wort Seele ist über die gotische Form saiwalô aufs nächste verwandt mit dem griechischen Wort αἰόλος, welches »bewegt«, »buntschillernd« heißt, also etwas wie ein Schmetterling – griechisch ψυχή –, der trunken von Blume zu Blume taumelt und von Honig und Liebe lebt. In der gnostischen Typologie steht der ἄνθρωπος ψυχικός (der psychische Mensch) unterhalb des πνευματικός (des geistigen), und schließlich gibt es ja auch schlechte Seelen, die für alle Ewigkeit in der Hölle braten müssen. Sogar die gänzlich schuldlose Seele des ungetauften Neugeborenen ist wenigstens der Anschauung Gottes beraubt. Beim Primitiven ist sie magischer Lebenshauch (daher »anima«) oder Flamme. Passend sagt ein nicht kanonisches Herrenwort: »Wer mir nahe ist, ist nahe dem Feuer.« Bei Heraklit ist die Seele auf höchster Stufe feurig und trocken, denn ψυχή hat an sich nächste Verwandtschaft zu »kühlem Hauch« – ψύχειν heißt hauchen, ψυχρός ist kalt und ψῦχος kühl ...
Beseeltes Wesen ist lebendiges Wesen. Seele ist das Lebendige im Menschen, das aus sich selbst Lebende und Lebenverursachende; darum blies Gott dem Adam einen lebendigen Odem ein, damit er lebe. Die Seele verführt die nicht lebenwollende Trägheit des Stoffes mit List und spielerischer Täuschung zum Leben. Sie überzeugt von unglaubwürdigen Dingen, damit das Leben gelebt werde. Sie ist voll von Fallstricken und Fußangeln, damit der Mensch zu Fall komme, die Erde erreiche, sich dort verwickle und daran hängen bleibe, damit das Leben gelebt werde; wie schon Eva im Paradies es nicht lassen konnte, Adam von der Güte des verbotenen Apfels zu überzeugen. Wäre die Bewegtheit und das Schillern der Seele nicht, der Mensch würde in seiner größten Leidenschaft, der Trägheit, zum Stillstand kommen[1]. Eine gewisse Art von Vernünftigkeit ist ihr Anwalt, und eine gewisse Art von Moralität gibt dazu ihren Segen. Seele zu haben, ist das Wagnis des Lebens, denn die Seele ist ein lebenspendender Dämon, der ein elfisches Spiel unterhalb und oberhalb der menschlichen Existenz spielt, deshalb ist er innerhalb des Dogmas auch mit einseitigen Strafen und Segnungen bedroht und propitiiert, welche weit über

1 F. de La Rochefoucauld: Pensées LIV.

menschenmögliches Verdienst hinausgehen. Himmel und Hölle sind Schicksale der Seele und nicht des zivilen Menschen, der in seiner Blöße und Blödigkeit in einem himmlischen Jerusalem gar nichts mit sich anzufangen wüßte.

Die Anima ist keine dogmatische Seele, keine anima rationalis, welche ein philosophischer Begriff ist, sondern ein natürlicher Archetypus, der in befriedigender Weise alle Aussagen des Unbewußten, des primitiven Geistes, der Sprach- und Religionsgeschichte subsumiert. Sie ist ein »factor« in des Wortes eigentlichem Sinne. Man kann sie nicht machen, sondern sie ist immer das A priori von Stimmungen, Reaktionen, Impulsen und was es sonst von psychischen Spontaneitäten gibt. Sie ist ein Lebendes aus sich, das uns leben macht; ein Leben hinter dem Bewußtsein, das nicht restlos diesem integriert werden kann, sondern aus dem letzteres im Gegenteil eher hervorgeht. Denn schließlich ist das psychische Leben zum größeren Teil ein unbewußtes und umfaßt das Bewußtsein von allen Seiten; ein Gedanke, der ohne weiteres einleuchtet, wenn man sich ein einziges Mal Rechenschaft darüber gibt, welche unbewußte Vorbereitung dazu nötig ist, um z. B. eine Sinneswahrnehmung zu erkennen.

Trotzdem es scheint, als ob der Anima die Gesamtheit des unbewußten Seelenlebens zukäme, so ist sie doch nur *ein* Archetypus unter vielen. Darum ist sie nicht schlechthin charakteristisch für das Unbewußte. Sie ist nur ein Aspekt desselben. Das zeigt sich schon in der Tatsache ihrer Weiblichkeit. Das, was nicht Ich, nämlich männlich ist, ist höchst wahrscheinlich weiblich, und weil das Nicht-Ich als dem Ich nicht zugehörig und darum als außerhalb empfunden wird, so ist das Animabild in der Regel auch immer auf Frauen projiziert. Jedem Geschlecht wohnt das Gegengeschlecht bis zu einem gewissen Betrage inne, weil biologisch einzig die größere Anzahl von männlichen Genen den Ausschlag in der Wahl der Männlichkeit gibt. Die kleinere Anzahl an weiblichen Genen scheint einen weiblichen Charakter zu bilden, welcher aber infolge seiner Unterlegenheit gewöhnlich unbewußt bleibt.

Mit dem Archetypus der Anima betreten wir das Reich der *Götter*, resp. das Gebiet, welches sich die Metaphysik reserviert hat. Alles, was die Anima berührt, wird numinos,

d. h. unbedingt, gefährlich, tabuiert, magisch. Sie ist die Schlange im Paradies des harmlosen Menschen voll guter Vorsätze und Absichten. Sie liefert die überzeugenden Gründe gegen die Beschäftigung mit dem Unbewußten, welche moralische Hemmungen zerstöre und Mächte entfeßle, die man besser im Unbewußten gelassen hätte. Wie gewöhnlich hat sie auch hier nicht ganz unrecht, insofern nämlich *das Leben an sich kein nur Gutes ist;* es ist auch böse. Indem die Anima das Leben will, will sie Gutes und Böses. Im elfischen Lebensbereich gibt es diese Kategorien nicht. Das körperliche sowohl wie das psychische Leben haben die Indiskretion, ohne die konventionelle Moral oft viel besser auszukommen und gesünder zu bleiben. Die Anima glaubt an das καλὸν κἀγαθόν, welches ein primitiver Begriff ist, vor aller später gefundenen Gegensätzlichkeit von Ästhetik und Moral. Es bedurfte einer langen christlichen Differenzierung, um deutlich zu machen, daß das Gute nicht immer schön und das Schöne nicht notwendigerweise gut ist. Die Paradoxie dieser Begriffsehe hat den Alten so wenig wie den Primitiven Beschwerden verursacht. Die Anima ist konservativ und hält sich in enervierender Weise an älteres Menschtum. Sie erscheint deshalb gerne in historischem Gewande, mit besonderer Vorliebe für Griechenland und Ägypten. Dazu wolle man die »Klassiker« RIDER HAGGARD und PIERRE BENOIT vergleichen. Der Traum der Renaissance, die *Ipnerotomacchia* des *Poliphilo*[1], und GOETHES Faust haben ebenfalls tief in die Antike gegriffen, um »le vrai mot de la situation« zu finden. Ersterer beschwor die Königin Venus, letzterer die trojanische Helena. Von der Anima in der Welt des Biedermeiers und Romantikers hat ANIELA JAFFÉ ein lebendiges Bild entworfen[2]. Wir wollen die Zahl der unverdächtigen Kronzeugen nicht vermehren, geben sie doch Stoff und absichtslose, authentische Symbolik genug, um unsere Meditation reichlich zu befruchten. Wenn man wissen will, wie es ist, wenn die Anima in der modernen Gesellschaft erscheint, so kann ich ERSKINS »Helen of Troy« aufs beste empfehlen. Sie ist nicht ohne Tiefe, denn über allem wirklich Leben-

1 Vgl. Linda Fierz-David: Der Liebestraum des Poliphilo, 1947.
2 Bilder und Symbole aus E. T. A. Hoffmanns Märchen »Der goldene Topf« in: Gestaltungen des Unbewußten, 1950, p. 239 ff.

digen liegt der Hauch der Ewigkeit. Anima ist Leben jenseits aller Kategorien, und darum kann sie auch des Schimpfes und des Lobes entraten. Die Himmelskönigin und das Gänschen, das aufs Leben hereingefallen ist – hat man je betrachtet, welches arme Los in der Marienlegende unter die göttlichen Sterne versetzt worden ist?
Das sinn- und regellose Leben, das sich selbst an seiner eigenen Fülle nicht genug tut, ist ein Gegenstand des Schreckens und der Abwehr für den in seiner Zivilisation eingeordneten Menschen – und man kann ihm nicht unrecht geben, denn es ist auch die Mutter alles Unsinns und aller Tragik. Darum steht seit Anbeginn der erdgeborene Mensch mit seinem heilsamen Tierinstinkt im Kampfe mit seiner Seele und deren Dämonie. Wäre letztere eindeutig finster, so läge der Fall einfach. Dem ist leider nicht so, denn dieselbe Anima kann auch als ein Engel des Lichts, als Psychopompos, erscheinen und zum höchsten Sinne führen, wie der Faust ausweist.
Ist die Auseinandersetzung mit dem Schatten das Gesellenstück, so ist diejenige mit der Anima das Meisterstück. Denn die Beziehung zur Anima ist wiederum eine Mutprobe und ein Feuerordal für die geistigen und moralischen Kräfte des Mannes. Man darf nie vergessen, daß es sich gerade bei der Anima um psychische Tatbestände handelt, die sozusagen niemals zuvor Besitz des Menschen waren, indem sie als Projektionen sich meist außerhalb seines psychischen Bereiches aufhielten. Für den Sohn steckt in der Übermacht der Mutter die Anima, welche manchmal zeitlebens eine sentimentale Bindung hinterläßt und das Schicksal des Mannes aufs schwerste beeinträchtigt oder umgekehrt seinen Mut zu kühnsten Taten beflügelt. Dem antiken Menschen erscheint die Anima als Göttin oder als Hexe; der mittelalterliche Mensch dagegen hat die Göttin durch die Himmelskönigin und durch die Mutter Kirche ersetzt. Die entsymbolisierte Welt des Protestanten hat zunächst eine ungesunde Sentimentalität hervorgebracht und sodann eine Verschärfung des moralischen Konfliktes, der logischerweise zum Nietzscheschen »Jenseits von Gut und Böse« führt, und zwar lediglich infolge seiner Unerträglichkeit. In den zivilisierten Zentren äußert sich dieser Zustand in der zunehmenden Unsicherheit der Ehe. Die amerikanische Eheschei-

dungsrate ist in Europa vielerorts erreicht, wenn nicht überschritten, was beweist, daß die Anima sich vorzugsweise in der Projektion auf das andere Geschlecht befindet, wodurch magisch komplizierte Beziehungen entstehen. Diese Tatsache hat, nicht zum mindesten um ihrer pathologischen Folgen willen, zur Entstehung der modernen Psychologie geführt, welche in ihrer FREUDschen Form der Meinung huldigt, die wesentliche Grundlage aller Störungen sei die Sexualität, eine Ansicht, welche den schon bestehenden Konflikt nur noch verschärft[1]. Man verwechselt nämlich Ursache und Wirkung. Die sexuelle Störung ist keineswegs die Ursache der neurotischen Mißlichkeiten, sondern wie diese eine der pathologischen Wirkungen, die von einer verminderten Anpassung des Bewußtseins ausgehen, d. h. das Bewußtsein ist mit einer Situation und Aufgabe konfrontiert, denen es nicht gewachsen ist. Es versteht nicht, wie seine Welt sich geändert hat, und wie es sich einstellen müßte, um wieder angepaßt zu sein. »Le peuple porte le sceau d'un hiver qu'on n'explique pas«, wie die Übersetzung einer koreanischen Steleninschrift sagt.

Beim Schatten sowohl wie bei der Anima genügt es nicht, um diese Begriffe zu wissen und sie nachzudenken. Auch kann man durch Einfühlung oder Anempfindung ihren Inhalt nie erleben. Es nützt gar nichts, eine Liste der Archetypen auswendig zu lernen. Archetypen sind Erlebniskomplexe, die schicksalsmäßig eintreten, und zwar beginnt ihr Wirken in unserem persönlichsten Leben. Die Anima tritt uns nicht mehr als Göttin entgegen, sondern unter Umständen als unser allerpersönlichstes Mißverständnis, oder unser bestes Wagnis. Wenn z. B. ein alter, hochverdienter Gelehrter noch mit 70 Jahren seine Familie stehen läßt und eine zwanzigjährige, rothaarige Schauspielerin heiratet, dann – wissen wir – haben sich die Götter wieder ein Opfer geholt. So zeigt sich bei uns dämonische Übergewalt. Bis vor kurzem wäre es noch ein leichtes gewesen, diese junge Person als Hexe abzutun.

Nach meiner Erfahrung gibt es sehr viele Leute von einer gewissen Intelligenz- und Bildungsstufe, welche die Idee der Anima und die relative Autonomie derselben leicht

1 Meinen Standpunkt habe ich ausführlich dargestellt in meinem Buche: Die Psychologie der Übertragung, 1946.

und unmittelbar begreifen, und ebenso das Phänomen des Animus bei Frauen. Psychologen haben in dieser Hinsicht größere Schwierigkeiten zu überwinden, wohl darum, weil sie nicht gezwungen sind, sich mit den komplexen Tatbeständen, welche die Psychologie des Unbewußten kennzeichnen, auseinanderzusetzen. Sind sie zugleich Ärzte, so steht ihnen ihr somato-psychologisches Denken im Wege, welches meint, psychologische Vorgänge durch intellektuelle, biologische oder physiologische Begriffe ausdrücken zu können. Psychologie ist aber weder Biologie noch Physiologie noch irgendeine andere Wissenschaft als eben das Wissen um die Seele.

Das Bild, das ich im bisherigen von der Anima gezeichnet habe, ist nicht vollständig. Sie ist zwar chaotischer Lebensdrang, aber daneben haftet ihr ein seltsam Bedeutendes an, etwas wie geheimes Wissen oder verborgene Weisheit, in merkwürdigstem Gegensatz zu ihrer irrationalen elfischen Natur. Ich möchte hier wieder auf die früher zitierten Autoren verweisen. Rider Haggard nennt »She« »Wisdom's Daughter«; Benoits Königin der Atlantis hat wenigstens eine ausgezeichnete Bibliothek, welche sogar ein verschollenes Buch Platos besitzt. Die trojanische Helena wird in ihrer Reinkarnation vom weisen Simon Magus aus dem Bordell in Tyrus erlöst und begleitet ihn auf seinen Reisen. Ich erwähnte eingangs diesen durchaus charakteristischen Aspekt der Anima absichtlich nicht, weil ihre erste Begegnung in der Regel auf alles andere eher schließen läßt als auf Weisheit[1]. Dieser Aspekt erscheint nur dem, der sich mit der Anima auseinandersetzt. Erst diese schwere Arbeit läßt in zunehmendem Maße erkennen[2], daß hinter all dem grausamen Spiel mit menschlichem Schicksal etwas steckt wie geheime Absicht, die einer überlegenen Kenntnis der Lebensgesetze zu entsprechen scheint. Gerade das zunächst Unerwartete, das beängstigend Chaotische enthüllt tiefen Sinn. Und je mehr dieser Sinn erkannt wird, desto mehr verliert die Anima ihren drängerischen und zwängerischen Charakter. Es entstehen allmählich Dämme gegen die Flut

1 Ich beziehe mich hier auf allgemein zugängliche literarische Beispiele anstatt auf klinisches Material. Für unsere Zwecke genügt das literarische Beispiel vollkommen.

2 Gemeint ist die Auseinandersetzung mit den Inhalten des Unbewußten überhaupt. Dies stellt die eine große Aufgabe des Integrationsprozesses dar.

des Chaos; denn das Sinnvolle scheidet sich vom Sinnlosen, und dadurch, daß Sinn und Unsinn nicht mehr identisch sind, wird die Kraft des Chaos durch die Entnahme von Sinn und Unsinn geschwächt, und der Sinn mit der Kraft des Sinnes und der Unsinn mit der Kraft des Unsinnes ausgerüstet. Damit entsteht ein neuer Kosmos. Damit ist nicht etwa eine neue Entdeckung der medizinischen Psychologie gemeint, sondern die uralte Wahrheit, daß aus der Fülle der Lebenserfahrungen jene Lehre hervorgeht, die der Vater dem Sohne übergibt[1].

Weisheit und Narrheit erscheinen im elfischen Wesen nicht nur als eines und dasselbe, sondern sind eines und dasselbe, solange sie durch die Anima dargestellt werden. Das Leben ist närrisch und bedeutend. Und wenn über das eine nicht gelacht und über das andere nicht spekuliert wird, dann ist das Leben banal; dann hat alles kleinstes Ausmaß. Es gibt dann nur einen kleinen Sinn und einen kleinen Unsinn. Im Grunde genommen bedeutet nichts etwas, denn als es noch keine denkenden Menschen gab, war niemand da, der die Erscheinungen deutete. Nur dem muß gedeutet werden, der nicht versteht. Bedeutung hat nur das Unverständliche. Der Mensch ist erwacht in einer Welt, die er nicht verstand, und darum versucht er, sie zu deuten.

So sind die Anima und damit das Leben insofern bedeutungslos, als sie keine Deutung anbieten. Sie haben aber ein deutbares Wesen, denn in allem Chaos ist Kosmos und in aller Unordnung geheime Ordnung, in aller Willkür stetiges Gesetz, denn alles Wirkende beruht auf dem Gegensatz. Um dies zu erkennen, bedarf es des diskriminierenden Menschenverstandes, der alles in antinomische Urteile auflöst. Setzt er sich mit der Anima auseinander, so gibt ihm ihre chaotische Willkür Anlaß, geheime Ordnung zu ahnen, d. h. über ihr Wesen hinaus Anlage, Sinn und Absicht – fast wären wir versucht zu sagen – zu »postulieren«, aber das würde der Wahrheit nicht entsprechen. Denn in Wirklichkeit verfügt man zunächst über kein kühles Nachdenken. auch hilft einem keine Wissenschaft und Philosophie und die traditionelle religiöse Lehre nur sehr bedingt. Man ist in ziellosem Erleben verstrickt und verwirrt, und das Urteil

1 Hiefür bildet das kleine Buch von G. Schmaltz: Östliche Weisheit und westliche Psychotherapie, 1951, ein gutes Beispiel.

mit allen seinen Kategorien erweist sich als machtlos. Menschliche Deutung versagt, denn es ist eine turbulente Lebenssituation entstanden, auf die keine hergebrachte Sinngebung passen will. Es ist ein Moment des Zusammenbruchs. Man versinkt in eine letzte Tiefe, wie APULEJUS richtig sagt: »ad instar voluntariae mortis«. Nicht ein künstlich gewollter, sondern ein natürlich erzwungener Verzicht auf eigenes Können ist es; nicht eine moralisch herausgeputzte, freiwillige Unterwerfung und Demütigung ist es, sondern eine völlige, unmißverständliche Niederlage, gekrönt von der panischen Angst der Demoralisierung. Wenn alle Stützen und Krücken gebrochen sind, und auch nicht die leiseste Rückversicherung irgendwo noch Deckung verspricht, dann erst ist die Möglichkeit gegeben zum Erlebnis eines Archetypus, der sich bisher in der bedeutungsschweren Sinnlosigkeit der Anima verborgen gehalten hatte. *Es ist der Archetypus des Sinnes, wie die Anima den Archetypus des Lebens schlechthin darstellt.* Der Sinn scheint uns zwar immer das jüngere der Ereignisse zu sein, weil wir mit einem gewissen Recht annehmen, daß wir ihn selber geben, und weil wir ebenfalls wohl zu Recht glauben, daß die große Welt bestehen kann, ohne gedeutet zu sein.

Wie aber geben wir Sinn? Woher nehmen wir Sinn in letzter Linie? Die Formen unserer Sinngebung sind historische Kategorien, die in ein nebelhaftes Altertum hinaufreichen, worüber man sich gewöhnlich keine genügende Rechenschaft gibt. Die Sinngebung bedient sich gewisser sprachlicher Matrizen, die ihrerseits wieder von urtümlichen Bildern abstammen. Wir können diese Frage anfassen, wo wir wollen, überall geraten wir in die Sprach- und Motivgeschichte, die immer stracks in die primitive Wunderwelt zurückführt. Nehmen wir z. B. das Wort *Idee*. Es geht zurück auf den εἶδος-Begriff bei PLATO, und die ewigen Ideen sind Urbilder, die ἐν ὑπερουρανίῳ τόπῳ (an überhimmlischem Orte) als transzendente ewige Formen aufbewahrt sind. Das Auge des Sehers erschaut sie als »imagines et lares« oder als Bilder des Traumes und der offenbarenden Vision. Oder nehmen wir den Begriff der *Energie*, welcher physikalisches Geschehen deutet. Früher war dasselbe das geheimnisvolle Feuer der Alchemisten, das Phlogiston, die dem Stoffe inhärente Wärmekraft, wie die stoische Urwärme oder das Heraklitische πῦρ ἀεὶ ζῶον (das ewig lebende Feuer), welches schon ganz nahe an der primitiven Anschauung einer allgemein verbreiteten lebendigen Kraft steht, einer Wachstums- und magischen Heilkraft, die gewöhnlich als *Mana* bezeichnet wird.

Ich will die Beispiele nicht unnötig häufen. Es genügt, zu wissen, daß es nicht *eine* wesentliche Idee oder Anschauung gibt, die nicht historische Antezedentien besäße. Allen liegen in letzter Linie archetypische Urformen zugrunde, deren Anschaulichkeit in einer Zeit entstanden ist, wo das Bewußtsein noch nicht dachte, sondern *wahrnahm*. Gedanke war Objekt der inneren Wahrnehmung, nicht gedacht, sondern als Erscheinung empfunden, sozusagen gesehen oder gehört. Gedanke war wesentlich Offenbarung, nichts Erfundenes, sondern Aufgenötigtes oder durch seine unmittelbare Tatsächlichkeit Überzeugendes. Das Denken geht dem primitiven Ich-Bewußtsein voraus, und dieses ist eher dessen Objekt als dessen Subjekt. Aber auch wir haben den letzten Gipfel der Bewußtheit noch nicht erklommen und haben darum ebenfalls ein präexistentes Denken, dessen man allerdings nicht inne wird, solange man durch hergebrachte Symbole gestützt ist; in der Sprache des Traumes ausgedrückt: solange der Vater oder der König nicht gestorben ist.

Wie das Unbewußte »denkt« und Lösungen vorbereitet, möchte ich an einem Beispiel zeigen. Es handelt sich um einen jungen Theologiestudenten, den ich persönlich nicht kenne. Er hatte Schwierigkeiten mit seiner religiösen Überzeugung, und in dieser Zeit träumte er folgenden Traum [1]:

Er stand vor einem schönen, alten Manne, der ganz *schwarz* gekleidet war. Er wußte, es war der *weiße* Magier. Dieser hatte eben eine längere Ansprache an ihn gehalten, an die sich der Träumer nicht mehr erinnern konnte. Er hatte nur die Schlußworte behalten: »Und dazu brauchen wir die Hilfe des *schwarzen* Magiers.« In diesem Augenblick ging die Türe auf und herein trat ein ganz ähnlicher alter Mann, nur war er *weiß* gekleidet. Er sprach zum weißen Magier: »Ich bedarf deines Rates«, warf aber einen fragenden Seitenblick auf den Träumer, worauf der weiße Magier sagte: »Du kannst ruhig reden, er ist ein Unschuldiger.« Darauf

1 Vgl. p. 102 dieses Bandes, ebenso »Psychologie und Erziehung«, 1946, p. 96, u. a. a. O.

begann der schwarze Magier seine Geschichte zu erzählen: Er komme aus einem fernen Lande, wo sich etwas Merkwürdiges ereignet habe. Das Land werde nämlich regiert von einem alten König, der seinen Tod nahen fühle. Er – der König – habe sich nun ein Grabmal ausgesucht. Es gebe nämlich in jenem Lande eine große Anzahl von Grabmälern aus alter Zeit, und das schönste habe der König für sich selber ausgewählt. Der Sage nach war eine Jungfrau darin bestattet. Der König ließ das Grabmal öffnen, um es für seine Zwecke herzurichten. Wie nun die Gebeine, die sich darin befanden, an die Luft gebracht wurden, gewannen sie plötzlich Leben und verwandelten sich in ein schwarzes Pferd, welches allsogleich zur Wüste entfloh und dort verschwand. Er – der schwarze Magier – hätte von dieser Geschichte gehört und sich sofort aufgemacht, diesem Pferd zu folgen. Er sei in vielen Tagereisen, immer auf der Fährte des Pferdes, zur Wüste gekommen und hätte diese durchquert bis zur anderen Seite, wo das Grasland wieder begann. Dort habe er das Pferd weidend angetroffen, und dort habe er auch den Fund getan, um dessentwillen er den Rat des weißen Magiers bedürfe; er habe nämlich dort die *Schlüssel des Paradieses* gefunden und wisse nun nicht, was weiter damit zu geschehen habe. – In diesem spannenden Moment erwachte der Träumer.

Im Lichte der vorangegangenen Ausführungen ist der Sinn des Traumes wohl unschwer zu erraten: Der alte König ist das herrschende Symbol, das sich zur ewigen Ruhe begeben will, und zwar an dem Orte, wo ähnliche »Dominanten« schon begraben liegen. Seine Wahl fällt ausgerechnet auf das Grab der Anima, welche den Todesschlaf als ein Dornröschen schläft, solange ein gültiges Prinzip (Prinz oder princeps) das Leben reguliert und ausdrückt. Kommt der König aber zu seinem Ende[1], so gewinnt sie das Leben wieder und verwandelt sich in das schwarze Pferd, welches schon im platonischen Gleichnis die Ungebärdigkeit der Leidenschaftsnatur ausdrückt. Wer ihm folgt, kommt in die Wüste, d. h. in wildes, menschenfernes Land, ein Bild der geistigen und moralischen Vereinsamung. Dort aber liegen die Schlüssel zum Paradies. Was ist nun das Paradies? Offenbar der Garten Eden mit seinem doppelgesichtigen

1 Vgl. dazu das Motiv des »alten Königs« in der Alchemie.

Baum des Lebens und der Erkenntnis und seinen vier Strömen. In christlicher Fassung ist es auch die himmlische Stadt der Apokalypse, welche ebensosehr als Mandala gedacht ist, wie der Garten Eden. Das Mandala ist aber ein Symbol der Individuation. Der schwarze Magier also ist es, der die Schlüssel zur Lösung der den Träumer belastenden Glaubensschwierigkeiten findet, die Schlüssel, die den Weg der Individuation eröffnen. Der Gegensatz Wüste–Paradies bedeutet also den anderen Gegensatz Vereinsamung–Individuation oder Selbstwerdung. Dieser Traumteil ist zugleich eine bemerkenswerte Paraphrase des von HUNT und GRENFELL edierten und ergänzten Herrenwortes, in welchem der Weg zum Himmelreich durch die Tiere gezeigt wird, und wo es in der Admonition heißt: »Darum erkennet euch selber, denn ihr seid die Stadt, und die Stadt ist das Reich.« Des weiteren ist es auch eine Paraphrase der Paradiesesschlange, welche die ersten Eltern zur Sünde überredete, und die im weiteren Verlauf zur Erlösung des Menschengeschlechtes durch den Gottessohn führte. Dieser Kausalnexus gab bekanntlich Anlaß zur ophitischen Identifizierung der Schlange mit dem Sotēr (Retter, Heiland). Das schwarze Pferd und der schwarze Magier sind – und das ist modernes Geistesgut – quasi böse Elemente, deren Relativität zum Guten aber in der Auswechslung des Gewandes angedeutet ist. Die beiden Magier sind die zwei Aspekte des *alten Mannes*, des überlegenen Meisters und Lehrers, des Archetypus des Geistes, welcher den präexistenten, im chaotischen Leben verborgenen Sinn darstellt. Er ist der Vater der Seele, die doch wunderbarerweise seine Jungfrau-Mutter ist, weshalb er von den Alchemisten als der »uralte Sohn der Mutter« bezeichnet wurde. Der schwarze Magier und das schwarze Pferd entsprechen dem Abstieg ins Dunkle in den früher erwähnten Träumen.

Welch unerträglich schwere Lehre für einen jungen Theologiestudenten! Glücklicherweise hat er nichts davon bemerkt, daß der Vater aller Propheten zu ihm im Traume sprach und ihm ein großes Geheimnis zum Greifen nahe legte. Man wundert sich wohl, wie unzweckmäßig solche Ereignisse sind. Warum diese Verschwendung? Dazu muß ich nun allerdings sagen, daß wir nicht wissen, wie dieser

Traum auf den Studenten auf lange Sicht hin gewirkt hat, und sodann muß ich hervorheben, daß mir wenigstens dieser Traum sehr viel gesagt hat. Er dürfte nicht verloren sein, auch wenn der Träumer ihn nicht verstanden hat.
Der Meister dieses Traumes versucht offenbar, Gut und Böse in ihrer gemeinsamen Funktion darzustellen, vermutlich als Antwort auf den noch immer ungelösten moralischen Konflikt in der christlichen Seele. Mit der eigenartigen Relativierung der Gegensätze ergibt sich eine gewisse Annäherung an die Ideen des Ostens, an das *nirdvandva* der hinduistischen Philosophie, die Befreiung von den Gegensätzen, welche als eine konfliktversöhnende Lösungsmöglichkeit gezeigt wird. Wie gefährlich sinnvoll die östliche Relativität von Gut und Böse ist, zeigt die indische Weisheitsfrage: »Wer braucht länger zur Vollendung, der, welcher Gott liebt, oder der, welcher Gott haßt?« Die Antwort lautet: »Der, der Gott liebt, braucht sieben Reinkarnationen bis zur Vollendung, und der, welcher Gott haßt, braucht deren nur drei, denn wer Ihn haßt, wird mehr an Ihn denken als der, der Ihn liebt.« Die Befreiung von den Gegensätzen setzt eine funktionale Gleichwertigkeit derselben voraus, welche unserem christlichen Empfinden widerspricht. Nichtsdestoweniger ist, wie unser Traumbeispiel zeigt, die angeordnete Kooperation der moralischen Gegensätze eine natürliche Wahrheit, welche vom Osten ebenso natürlich anerkannt worden ist, wie die taoistische Philosophie wohl am deutlichsten zeigt. Es gibt übrigens auch in der christlichen Tradition einige Aussagen, die sich diesem Standpunkt nähern; ich erinnere nur z. B. an das Gleichnis vom ungetreuen Haushalter. Unser Traum stellt in dieser Hinsicht nicht etwa ein Unicum dar, indem die Tendenz zur Relativierung der Gegensätze eine ausgesprochene Eigentümlichkeit des Unbewußten darstellt. Man muß aber sofort beifügen, daß dies nur in Fällen einer zugespitzten moralischen Empfindlichkeit gilt; in anderen Fällen kann das Unbewußte ebenso unerbittlich auf die Unvereinbarkeit der Gegensätze hinweisen. Es hat in der Regel einen zur bewußten Einstellung relativen Standpunkt. Deshalb darf man wohl sagen, daß unser Traum die spezifischen Überzeugungen und Zweifel eines theologischen Bewußtseins protestantischer Observanz voraussetzt. Das bedeutet

eine Einschränkung der Aussage auf ein bestimmtes Problemgebiet. Aber auch mit diesem Abstrich an Gültigkeit demonstriert der Traum die Überlegenheit seines Standpunktes. Passenderweise drückt sich sein Sinn darum als die Meinung und Stimme eines weisen Magiers aus, der dem Bewußtsein des Träumers in jeder Hinsicht weit überlegen ist. Der Magier ist synonym mit dem alten Weisen, der in gerader Linie auf die Gestalt des Medizinmannes in der primitiven Gesellschaft zurückgeht. Er ist, wie die Anima, ein unsterblicher Dämon, welcher die chaotischen Dunkelheiten des bloßen Lebens mit dem Lichte des Sinnes durchdringt. Er ist der Erleuchtende, der Lehrer und Meister, ein Psychopompos (Führer der Seelen), dessen Personifikation selbst der »Zertrümmerer der Tafeln«, NIETZSCHE, nicht entgehen konnte, hat er doch dessen Inkarnation in Zarathustra, dem überlegenen Geiste eines beinahe homerischen Zeitalters, zum Träger und Verkünder seiner eigenen »dionysischen« Erleuchtung und Entzückung aufgerufen. Gott war ihm zwar tot, aber der Dämon der Weisheit wurde ihm zum sozusagen leibhaftigen Zweiten, wie er sagt:

»Da wurde Eins zu Zwei,
Und Zarathustra ging an mir vorbei.«

Zarathustra ist für NIETZSCHE mehr als poetische Figur, er ist ein unwillkürliches Bekenntnis. Auch er hatte sich in den Dunkelheiten eines gottabgewandten, entchristlichten Lebens verirrt, und darum trat zu ihm der Offenbarende und Erleuchtende, als redender Quell seiner Seele. Daher stammt die hieratische Sprache des »Zarathustra«, denn das ist der Stil dieses Archetypus.

Im Erlebnis dieses Archetypus erfährt der Moderne die urälteste Art des Denkens als eine autonome Tätigkeit, deren Objekt man ist. *Hermes Trismegistos* oder der *Thoth* der hermetischen Literatur, *Orpheus*, der *Poimandres* und diesem verwandt der *Poimēn des Hermas*[1] sind weitere Formulierungen derselben Erfahrung. Wäre der Name »Luzifer« nicht schon präjudiziert, so wäre er wohl passend für diesen Archetypus. Ich habe mich deshalb begnügt, ihn als den *Archetypus des alten Weisen*, bzw. *des Sinnes* zu bezeichnen. Wie alle Archetypen, so hat auch dieser einen posi-

1 Reitzenstein faßt den Hirten des Hermas als christliche Konkurrenzschrift zum Poimandres auf.

tiven und einen negativen Aspekt, worauf ich hier nicht näher eintreten möchte. Der Leser findet eine ausführliche Darstellung der Doppelgesichtigkeit des »alten Weisen« in meinem Aufsatz über die Phänomenologie des Geistes im Märchen[1].

Die drei bisher besprochenen Archetypen, der Schatten, die Anima und der alte Weise, sind solche, die in der unmittelbaren Erfahrung personifiziert auftreten. Aus welchen allgemeinen psychologischen Vorbedingungen ihre Erfahrung hervorgeht, versuchte ich im Vorangegangenen anzudeuten. Was ich aber mitteilte, waren lauter abstrakte Rationalisierungen. Man könnte, oder besser, man sollte eigentlich eine Schilderung des Prozesses geben, wie er sich der unmittelbaren Erfahrung darstellt. Im Verlaufe dieses Prozesses nämlich treten die Archetypen als handelnde Persönlichkeiten in Träumen und Phantasien auf. Der Prozeß selber stellt sich in einer anderen Art von Archetypen dar, die man allgemein als solche der *Wandlung* bezeichnen könnte. Letztere sind keine Persönlichkeiten, sondern vielmehr typische Situationen, Örter, Mittel, Wege usw., welche die jeweilige Art der Wandlung symbolisieren. Wie die Persönlichkeiten, so sind auch diese Archetypen echte und rechte Symbole, die weder als σημεῖα (Zeichen), noch als Allegorien erschöpfend gedeutet werden können. Sie sind vielmehr insofern echte Symbole, als sie vieldeutig, ahnungsreich und im letzten Grund unausschöpfbar sind. Die Grundprinzipien, die ἀρχαί, des Unbewußten sind wegen ihres Beziehungsreichtums unbeschreibbar trotz ihrer Erkennbarkeit. Das intellektuelle Urteil sucht natürlich immer ihre Eindeutigkeit festzustellen und gerät damit am Wesentlichen vorbei, denn was vor allem als das einzige ihrer Natur Entsprechende festzustellen ist, das ist ihre Vieldeutigkeit, ihre fast unabsehbare Beziehungsfülle, welche jede eindeutige Formulierung verunmöglicht. Außerdem sind sie prinzipiell paradox, wie der Geist bei den Alchemisten als senex et iuvenis simul gilt.

Wenn man sich vom symbolischen Prozeß ein Bild machen will, so sind dafür die alchemistischen Bilderserien gute Beispiele, obschon ihre Symbole in der Hauptsache traditionell, wenn auch oft dunkler Herkunft und Bedeutung sind.

1 Siehe Aufsatz III dieses Bandes.

Ein treffliches östliches Beispiel ist das tantrische Chakrensystem[1] oder das mystische Nervensystem des chinesischen Yoga[2]. Es hat auch allen Anschein, als ob die Bildserien des Tarot Abkömmlinge der Wandlungsarchetypen wären, welche Ansicht mir ein einleuchtender Vortrag von R. BERNOULLI bekräftigt hat[3].

Der symbolische Prozeß ist ein *Erleben im Bild und des Bildes.* Sein Fortgang zeigt in der Regel enantiodromische Struktur wie der Text des I Ging und stellt darum einen Rhythmus dar von Negation und Position, von Verlust und Gewinn, von Hell und Dunkel. Sein Anfang ist fast stets charakterisiert durch eine Sackgasse oder sonstige unmögliche Situation; sein Ziel ist, allgemein ausgedrückt, *Erleuchtung oder höhere Bewußtheit,* womit die Ausgangssituation auf einer höheren Ebene überwunden wird. Der Prozeß kann sich, zeitlich zusammengedrängt, in einem einzigen Traum oder in einem kurzen Erlebnismoment darstellen, oder aber sich über Monate und Jahre erstrecken, je nach der Art der Ausgangssituation des Individuums, das im Prozeß begriffen ist, und des zu erreichenden Zieles. Selbstverständlich schwankt der Symbolreichtum außerordentlich. Obschon zunächst alles im Bilde, d. h. symbolisch erlebt wird, handelt es sich doch keineswegs um Pappdeckelgefahren, sondern um sehr wirkliche Risiken, an denen unter Umständen ein Schicksal hängen kann. Die Hauptgefahr besteht in einem Unterliegen unter den faszinierenden Einfluß der Archetypen, was dann am ehesten eintreten kann, wenn man sich die archetypischen Bilder *nicht bewußt* macht. Besteht eine psychotische Prädisposition, so kann es unter diesen Umständen geschehen, daß die archetypischen Figuren, denen sowieso kraft ihrer natürlichen Numinosität eine gewisse Autonomie eignet, sich von der Bewußtseinskontrolle überhaupt befreien und völlige Selbständigkeit erlangen, d. h. *Besessenheitsphänomene* erzeugen. Bei einer Animabesessenheit will sich z. B. der Kranke durch Selbstkastration in eine Frau, namens Maria, ver-

1 Arthur Avalon: The Serpent Power Being The Shat-Chakra-Nirūpana and Pādukā-Panchaka, 1919.

2 E. Rousselle: Seelische Führung im lebenden Taoismus. Eranos-Jahrbuch 1933, p. 135 ff.

3 R. Bernoulli: Zur Symbolik geometrischer Figuren und Zahlen. Eranos-Jahrbuch 1934, p. 397 ff.

wandeln oder fürchtet, es werde ihm etwas Derartiges gewalttätigerweise angetan. Ein Beispiel hierfür ist der bekannte D. P. SCHREBER (Denkwürdigkeiten eines Nervenkranken, Leipzig 1903). Die Kranken entdecken oft eine ganze Animamythologie mit zahlreichen archaischen Motiven. Ein Fall dieser Art wurde seinerzeit von J. NELKEN publiziert[1]. Ein anderer Patient hat seine Erlebnisse selber in einem Buche beschrieben und kommentiert[2]. Ich erwähne diese Fälle, weil es immer noch Leute gibt, welche meinen, die Archetypen seien meine subjektiven Hirngespinste.

Was in der Geisteskrankheit brutal zutage tritt, bleibt in der Neurose noch verhüllt im Hintergrund, beeinflußt aber von da aus nichtsdestoweniger das Bewußtsein. Wenn die Analyse dann in den Hintergrund der Bewußtseinsphänomene eindringt, so entdeckt sie jene selben archetypischen Figuren, welche die Delirien des Psychotischen beleben. Last not least beweisen zahlreiche literar-historische Dokumente, daß es sich bei diesen Archetypen um praktisch überall vorkommende normale Typen der Phantasie handelt und nicht um Ausgeburten der Geisteskrankheit. Das pathologische Element liegt nicht in der Existenz dieser Vorstellungen, sondern in der Dissoziation des Bewußtseins, welches das Unbewußte nicht mehr beherrschen kann. In allen Fällen von Dissoziation erhebt sich deshalb die Notwendigkeit der *Integration des Unbewußten* ins Bewußtsein. Es handelt sich um einen synthetischen Vorgang, den ich als »Individuationsprozeß« bezeichnet habe.

Dieser Prozeß entspricht eigentlich dem natürlichen Ablauf eines Lebens, in welchem das Individuum zu dem wird, was es immer schon war. Weil der Mensch Bewußtsein hat, so verläuft eine derartige Entwicklung nicht so glatt, sondern wird vielfach variiert und gestört, indem das Bewußtsein immer wieder einmal von der archetypischen Instinktgrundlage abirrt und zu ihr in Gegensatz gerät. Daraus ergibt sich dann die Notwendigkeit einer Synthese der beiden Positionen. Dies bedeutet Psychotherapie schon auf primitiver Stufe, wo sie in Form von Wiederherstellungsriten geschieht. Beispiele sind die australischen Rückidenti-

1 Analytische Beobachtungen über Phantasien eines Schizophrenen. Jahrbuch für psychoanalytische und psychopathologische Forschung, 1912, Bd. IV, p. 504 ff.
2 John Custance: Wisdom, Madness and Folly, 1951.

fikationen mit den Ahnen der Alcherringazeit, Identifikation mit den Sonnensöhnen bei den Taospueblos, die Heliosapotheose im Isismysterium bei Apulejus usw. Die therapeutische Methode der Komplexen Psychologie besteht dementsprechend einerseits in einer möglichst vollständigen Bewußtmachung der konstellierten unbewußten Inhalte und andererseits in einer Synthese derselben mit dem Bewußtsein durch den Erkenntnisakt. Da nun der Kulturmensch eine sehr große Dissoziabilität besitzt und von ihr beständig Gebrauch macht, um sich allen möglichen Risiken zu entziehen, so steht ganz und gar nicht von vornherein fest, daß eine Erkenntnis etwa von entsprechendem Tun gefolgt wäre. Man muß im Gegenteil mit einer ausgesprochenen Wirkungslosigkeit der Erkenntnis rechnen und daher auf sinngemäße Anwendung derselben dringen. Erkenntnis allein tut es in der Regel nicht, auch bedeutet sie keine sittliche Macht an sich. In solchen Fällen wird es dann klar, wie sehr die Neurosenheilung ein moralisches Problem ist.

Da die Archetypen relativ autonom sind, wie alle numinosen Inhalte, so können sie nicht einfach rational integriert werden, sondern verlangen ein dialektisches Verfahren, d. h. eine eigentliche Auseinandersetzung, die von dem Patienten häufig in Dialogform durchgeführt wird, womit er, ohne es zu wissen, die alchemistische Definition der *Meditation* verwirklicht: nämlich als »colloquium cum suo angelo bono«, als inneres Zwiegespräch mit seinem guten Engel[1]. Dieser Prozeß hat in der Regel einen dramatischen Verlauf mit vielen Peripetien. Er drückt sich aus in oder ist begleitet von Traumsymbolen, welche verwandt sind mit jenen »représentations collectives«, welche in Form mythologischer Motive seelische Wandlungsvorgänge von jeher dargestellt haben[2].

Im Rahmen einer Vorlesung muß ich mich damit begnügen, bloß einige Beispiele von Archetypen zu behandeln. Ich habe diejenigen gewählt, welche in der Analyse eines männlichen Unbewußten die Hauptrolle spielen, und habe auch versucht, den psychischen Wandlungsprozeß, in welchem sie erscheinen, einigermaßen zu skizzieren. Die hier

1 Rulandus: Lexicon Alchemiae, 1612, s. v. meditatio.
2 Ich verweise auf meine Ausführungen in: Symbole der Wandlung, 1952.

besprochenen Figuren des Schattens, der Anima und des alten Weisen haben seit dem ersten Erscheinen dieser Vorlesung mit den entsprechenden Figuren des weiblichen Unbewußten zusammen eine ausführliche Darstellung gefunden in meinen Beiträgen zur Symbolik des Selbst[1], und die Beziehungen des Individuationsprozesses zur alchemistischen Symbolik habe ich ebenfalls einer näheren Untersuchung unterworfen[2].

1 Aion, 1951.
2 Psychologie und Alchemie, 2. Aufl., 1952.

II

EINLEITUNG IN DIE RELIGIONSPSYCHOLOGISCHE PROBLEMATIK DER ALCHEMIE

Calamum quassatum non conteret.
et linum fumigans non extinguet.
Prophetia Isaiae XLII, 3.

Was den Inhalt der folgenden Untersuchungen betrifft, so dürften sich für einen Kenner der Komplexen Psychologie einleitende Bemerkungen erübrigen. Für einen Leser aber, der nicht zum Fach gehört und diesen Ausführungen unvorbereitet gegenübertritt, bedarf es wohl einiger einführender Erklärungen. Der Begriff »Individuationsprozeß« einerseits und die Alchemie anderseits sind Dinge, die weit auseinanderzuliegen scheinen, so daß es der Phantasie zunächst unmöglich vorkommt, sich eine dazwischenliegende Brücke vorzustellen. Diesem Leser bin ich Aufklärung schuldig, besonders auch darum, weil ich gelegentlich der Veröffentlichung meiner Vorlesungen einige Erfahrungen machte, welche auf eine gewisse Ratlosigkeit meiner Kritiker schließen lassen.

Was ich in bezug auf das Wesen der menschlichen Seele vorzubringen habe, sind in erster Linie *Beobachtungen am Menschen.* Man hat diesen Beobachtungen vorgeworfen, daß es sich dabei um unbekannte bzw. schwer zugängliche Erfahrungen handle. Es ist eine merkwürdige Tatsache, auf die man immer wieder stößt, daß absolut jeder, auch der unmaßgeblichste Laie, über Psychologie völlig Bescheid zu wissen glaubt, wie wenn die Psyche ausgerechnet jenes Gebiet wäre, welches sich der allgemeinsten Bekanntschaft erfreute. Jeder wirkliche Kenner der Menschenseele wird mir aber beipflichten, wenn ich sage, daß sie zum Dunkelsten und Geheimnisvollsten gehört, das unserer Erfahrung begegnet. Man hat auf diesem Gebiete nie ausgelernt. Es vergeht beinahe kein Tag in meiner praktischen Tätigkeit, an dem ich nicht auf Neues und Unerwartetes stoße. Gewiß sind meine Erfahrungen nicht an der Oberfläche liegende Alltäglichkeiten. Sie finden sich aber für jeden Psychotherapeuten, wenn er sich mit diesem speziellen Gebiet beschäftigt, in erreichbarer Nähe. Es erscheint mir daher als zum mindesten ungereimt, wenn die Unbekanntheit der mitgeteilten Erfahrungen mir gewissermaßen zum Vorwurf gemacht wird. Ich fühle mich nicht verantwortlich dafür, daß das Laienwissen um Psychologie unzulänglich ist.

Im analytischen Prozeß, d. h. in der dialektischen Auseinandersetzung zwischen dem Bewußtsein und dem Unbewußten, gibt es eine Entwicklung, ein *Fortschreiten zu einem Ziel oder Ende*, dessen schwer zu enträtselnde Natur mich während vieler Jahre beschäftigt hat. Psychische Behandlungen kommen in allen möglichen Stadien der Entwicklung zu einem *Ende*, ohne daß man bei einem solchen immer das Gefühl hätte, es sei damit auch ein *Ziel* erreicht. Typische, temporäre Beendigungen finden statt: 1. nach Empfang eines guten Rates; 2. nach Ablegung einer mehr oder weniger vollständigen, jedoch genügenden Beichte; 3. nach der Erkenntnis eines bisher unbewußten, aber wesentlichen Inhalts, dessen Bewußtmachung einen neuen Lebens- oder Tätigkeitsanstoß im Gefolge hat; 4. nach einer durch längere Arbeit geleisteten Ablösung von der Kindheitspsyche; 5. nach Herausarbeitung einer neuen, rationalen Anpassung an vielleicht schwierige oder ungewöhnliche Umweltsbedingungen; 6. nach dem Verschwinden quälender Symptome; 7. nach Eintreten einer positiven Schicksalswendung, wie Examen, Verlobung, Verheiratung, Scheidung, Berufswechsel usw.; 8. nach Wiederentdeckung der Zugehörigkeit zu einem religiösen Bekenntnis oder Konversion; 9. nach begonnenem Aufbau einer praktischen Lebensphilosophie (»Philosophie« im antiken Sinn!).

Obschon sich an dieser Aufzählung noch mehrere Modifikationen und Zusätze anbringen ließen, dürfte sie doch im ganzen und großen die hauptsächlichsten Situationen, in denen der analytische resp. psychotherapeutische Prozeß ein vorläufiges oder gelegentlich auch ein definitives Ende erreicht, kennzeichnen. Wie nun die Erfahrung zeigt, gibt es aber eine relativ große Zahl von Patienten, bei denen die äußere Beendigung der Arbeit mit dem Arzte keineswegs auch das Ende des analytischen Prozesses bedeutet. Vielmehr geht die Auseinandersetzung mit dem Unbewußten weiter, und zwar in ähnlichem Sinne wie bei jenen, die ihre

Arbeit beim Arzte nicht aufgegeben haben. Gelegentlich trifft man solche Patienten nach Jahren wieder an und vernimmt dann die oft bemerkenswerte Geschichte ihrer weiteren Wandlungen. Solche Erfahrungen haben mich zuerst in der Annahme bestärkt, daß es in der Seele einen von äußern Bedingungen sozusagen unabhängigen, zielsuchenden Prozeß gebe, und mich von der Besorgnis, ich selber könnte die alleinige Ursache eines uneigentlichen (und darum vielleicht naturwidrigen) psychischen Vorganges sein, befreit. Diese Besorgnis war insofern nicht unangebracht, als gewisse Patienten sich von keinem Argument der neun erwähnten Kategorien zu einer Beendigung der analytischen Arbeit bestimmen lassen, ja nicht einmal durch eine religiöse Konversion, geschweige denn von einer noch so eklatanten Beseitigung der neurotischen Symptome. Gerade Fälle letzterer Art machten es mir klar, daß durch die Neurosenbehandlung ein Problem angeschnitten wird, das weit über das Nurärztliche hinausgeht, und dem ein nurmedizinisches Wissen unmöglich gerecht werden kann.
In Erinnerung an die bald ein halbes Jahrhundert hinter uns liegenden Anfangszeiten der Analyse mit ihren pseudobiologischen Auffassungen und Entwertungen des seelischen Entwicklungsprozesses wird das Verharren in der analytischen Arbeit gerne als »Lebensflucht«, »unabgelöste Übertragung«, »Autoerotismus«, und was der unliebenswürdigen Auffassungen mehr sind, bezeichnet. Insofern zwar alle Dinge es ertragen müssen, von zwei Seiten betrachtet zu werden, so ist eine negative Bewertung im Sinne des Lebens nur dann zulässig, wenn bewiesen ist, daß auch wirklich gar nichts Positives im sog. »Hängenbleiben« zu finden sei. Die begreifliche Ungeduld des Arztes braucht an sich noch nichts zu beweisen. Nur durch die unsägliche Geduld des Forschers ist es der neuen Wissenschaft gelungen, eine vertiefte Erkenntnis vom Wesen der Seele aufzubauen, und gewisse unerwartete therapeutische Resultate sind der aufopferungsvollen Ausdauer des Arztes zu verdanken. Ungerechtfertigt negative Auffassungen sind überdies billig und gelegentlich schädlich und erwecken den Verdacht auf Bemäntelung der Unwissenheit, wenn nicht gar des Versuches, sich der Verantwortung und der unbedingten Auseinandersetzung zu entziehen. Denn da die analytische Ar-

beit früher oder später unausweichlich zur menschlichen Auseinandersetzung zwischen Ich und Du und Du und Ich wird, jenseits aller allzu menschlichen Prätexte, so kann es nicht nur leicht geschehen, sondern es kommt notwendigerweise dazu, daß es nicht nur dem Patienten, sondern auch dem Arzt an die Haut, ja sogar darunter geht. Niemand rührt Feuer oder Gift an, ohne an gewissen undichten Stellen wenigstens etwas davon abzubekommen; denn der wahre Arzt steht nirgends daneben, sondern überall darin. Das sog. Hängenbleiben kann für beide Teile unerwünscht, unbegreiflich, ja unerträglich sein, ohne daß es im Sinne des Lebens als negativ erwiesen wäre. Im Gegenteil kann es sogar ein positiv zu bewertendes »hanging on« sein, welches zwar einerseits eine scheinbar unüberwindliche Schwierigkeit bedeutet, anderseits aber eben deshalb jene einzigartige Situation darstellt, welche die größte Anstrengung erfordert und darum den ganzen Menschen auf den Plan ruft. Ja, man könnte sagen, daß einerseits der Patient, unbewußt oder unbeirrt, nach dem in letzter Linie unlösbaren Problem sucht, und daß anderseits die Kunst oder Technik des Arztes ihr Bestes tut, um ihm dazu zu verhelfen. »Ars totum requirit hominem!« ruft ein alter Alchemist aus. *Eben dieser »homo totus« ist gesucht.* Die Bemühung des Arztes sowohl wie das Suchen des Patienten zielt auf jenen verborgenen, noch nicht manifestierten »ganzen« Menschen, welcher zugleich der größere und zukünftige ist. Der richtige Weg zur Ganzheit aber besteht – leider – aus schicksalsmäßigen Um- und Irrwegen. Es ist eine »longissima via«, nicht eine gerade, sondern eine gegensatzverbindende Schlangenlinie, an den wegeweisenden Caduceus erinnernd, ein Pfad, dessen labyrinthische Verschlungenheit des Schreckens nicht entbehrt. Auf diesem Wege kommen jene Erfahrungen zustande, die man als »schwer zugänglich« zu bezeichnen beliebt. Ihre Unzugänglichkeit beruht darauf, daß sie kostspielig sind: sie fordern das, was man am meisten fürchtet, nämlich die *Ganzheit*, die man zwar beständig im Munde führt, und mit der sich endlos theoretisieren läßt, die man aber in der Wirklichkeit des Lebens im größten Bogen umgeht[1]. Unendlich viel be-

1 Es ist bemerkenswert, daß ein protestantischer Theologe in einem Werke über Homiletik den Mut hat, die Ganzheit des Predigers vom ethischen Standpunkt

liebter ist die Gepflogenheit der »Kompartimentpsychologie«, wo die eine Schublade nicht weiß, was in der andern ist.

Ich fürchte, daß man für diesen Zustand der Dinge nicht nur die Unbewußtheit und Ohnmacht des Einzelnen, sondern auch die allgemeine seelische Erziehung des Europäers verantwortlich machen muß. Diese Erziehung liegt nicht nur in der Kompetenz, sondern auch im Wesen der herrschenden Religionen; denn diese allein, vor allen rationalistischen Systemen, beziehen sich auf den *äußeren und inneren Menschen gleichermaßen*. Man kann dem Christentum eine rückständige Entwicklung vorwerfen, wenn man das eigene Ungenügen entschuldigen will. Ich will nicht in den Fehler verfallen, dasjenige der Sache zuzuschieben, wofür die Ungeschicktheit des Menschen in erster Linie verantwortlich ist. Ich rede daher nicht vom innersten und besten Verstande des Christentums, sondern von der Oberflächlichkeit und dem fatalen Mißverstehen, das allen vor Augen liegt. Die Forderung der »imitatio« Christi, nämlich dem Vorbild nachzufolgen und diesem ähnlich zu werden, *sollte* die Entwicklung und Erhöhung des eigenen inneren Menschen bezwecken, *wird* aber vom oberflächlichen und zur mechanischen Formelhaftigkeit neigenden Gläubigen zu einem außenstehenden Kultobjekt gemacht, welches gerade durch die Verehrung daran gehindert wird, in die Tiefe der Seele einzugreifen und letztere zu jener dem Vorbild entsprechenden Ganzheit umzuschaffen. Damit steht der göttliche Mittler *als ein Bild draußen*, der Mensch aber bleibt Fragment und *in seiner tiefsten Natur unberührt*. Ja, Christus kann bis zur Stigmatisation nachgeahmt werden, ohne daß der Nachahmende auch nur annähernd dem Vorbild und dessen Sinn nachgefolgt wäre. Denn es handelt sich nicht um eine bloße Nachahmung, welche nämlich den Menschen ungewandelt läßt und damit ein bloßes Artefact ist. Vielmehr handelt es sich um eine Verwirklichung des Vorbildes mit den eigenen Mitteln – Deo concedente – in der Sphäre des individuellen Lebens. Allerdings ist nicht zu übersehen, daß selbst in der falsch verstandenen Nachahmung eine unter Umständen gewaltige moralische Anstrengung

aus zu fordern – und zwar unter Berufung auf meine Psychologie. (Siehe Otto Händler: Die Predigt, Berlin 1941.)

vorliegt, welche, obgleich das eigentliche Ziel nicht erreicht wird, doch das Verdienst der gänzlichen Hingabe an einen zwar äußerlich dargestellten höchsten Wert hat. Es ist nicht undenkbar, daß einer gerade in und vermöge seiner totalen Anstrengung sogar die Ahnung seiner Ganzheit erlebt, mit dem Gefühl der Gnade, welche diesem Erlebnis eignet.
Der mißverstehenden, nur äußerlichen Auffassung der »imitatio« Christi kommt ein europäisches Präjudiz, das westliche von östlicher Haltung unterscheidet, entgegen. Der westliche Mensch ist von den »zehntausend Dingen« bezaubert; er sieht das einzelne, er ist ich- und dingverhaftet und der tiefen Wurzel alles Seins unbewußt. Der östliche Mensch dagegen erlebt die Einzeldingwelt, ja sogar sein Ich wie einen Traum und wurzelt wesenhaft im Urgrund, der ihn so mächtig anzieht, daß seine Weltbezogenheit in einem für uns oft unbegreiflichen Maße relativiert ist. Die westliche, objektbetonte Haltung neigt dazu, das »Vorbild« Christus in seinem gegenständlichen Aspekt zu belassen und ihn damit seiner geheimnisvollen Beziehung zum inneren Menschen zu berauben. Dieses Präjudiz veranlaßt z. B. den protestantischen Interpreten, das auf das Gottesreich bezügliche ἐντὸς ὑμῶν als »zwischen euch« statt »in euch« zu deuten. Es soll damit nichts über die Gültigkeit der westlichen Haltung gesagt sein. Wir sind ja davon hinlänglich überzeugt. Setzt man sich dagegen mit dem östlichen Menschen auseinander – was der Psychologe eben tun muß –, so kann man sich gewisser Zweifel nur noch schwer entledigen. Wem es das Gewissen erlaubt, der möge gewaltsam entscheiden und sich damit, wohl unwissentlich, zum »arbiter mundi« aufschwingen. Ich für meine Person ziehe die köstliche Gabe des Zweifels vor, weil dieser die Jungfräulichkeit der unermeßlichen Erscheinung unberührt läßt.
Das Vorbild Christus hat sich mit der Sünde der Welt beladen. Ist es aber ganz draußen, so ist auch die Sünde des Einzelnen draußen, und damit ist letzterer mehr Fragment als je, denn oberflächliches Mißverstehen eröffnet ihm einen bequemen Weg, seine Sünden buchstäblich »auf Ihn zu werfen« und so einer tieferen Verantwortung zu entgehen, was mit dem Geist des Christentums im Widerspruch steht. Diese Formalistik und diese Laxheit waren

nicht nur eine der Ursachen der Reformation, sondern sie sind auch innerhalb des Protestantismus vorhanden. Wenn größter Wert (Christus) und größter Unwert (Sünde) draußen sind, so ist die Seele entleert: es mangelt ihr Tiefstes und Höchstes. Die östliche Haltung (insbesondere die indische) verfährt umgekehrt: alles Höchste und Tiefste ist im (transzendentalen) Subjekt. Dadurch steigert sich die Bedeutung des »âtman«, des Selbst, ins Maßlose. Beim Abendländer aber sinkt der Wert des Selbst auf den Nullpunkt. Daher kommt die im Westen allgemeine *Unterschätzung der Seele*. Wer von Wirklichkeit der Seele spricht, dem wird »Psychologismus« vorgeworfen. Von Psychologie wird im »Nur«-Ton gesprochen. Die Auffassung, daß es psychische Faktoren gebe, welche göttlichen Figuren entsprechen, gilt als Entwertung dieser. Es streift an Blasphemie, zu denken, daß ein religiöses Erlebnis ein psychischer Vorgang sei; denn es ist – argumentiert man – »nicht *nur* psychologisch«. Das Psychische ist *nur* Natur, und darum kann aus ihm nichts Religiöses hervorgehen, wie man meint. Dabei zögern solche Kritiker keinen Augenblick, alle Religionen – mit Ausnahme der eigenen – aus der Natur der Seele hervorgehen zu lassen. Es ist bezeichnend, daß zwei theologische Besprechungen meines Buches »Psychologie und Religion« – die eine katholisch, die andere protestantisch – meinen Nachweis der psychischen Entstehung religiöser Phänomene geflissentlich übersehen haben.

Dagegen muß man nun wirklich fragen: Woher weiß man denn solchen Bescheid über die Seele, daß man sagen kann »nur seelisch«? So spricht und denkt nämlich der Abendländer, dessen Seele offenbar »nichtswürdig« ist. Wäre viel drin, so würde man mit Ehrfurcht davon reden. Da man dies aber nicht tut, muß man daraus schließen, daß auch kein Wert drin ist. Das aber ist nicht notwendigerweise und nicht immer und überall so, sondern nur dort, wo man nichts in die Seele hineintut und »allen Gott draußen hat«. (Etwas mehr Meister Eckhart täte manchmal gut!)

Eine ausschließlich religiöse Projektion kann die Seele ihrer Werte berauben, so daß sie sich infolge der Inanition nicht mehr weiterzuentwickeln vermag und in einem unbewußten Zustand steckenbleibt. Zugleich verfällt sie dem Wahn, die Ursache alles Ungemaches liege draußen, und man frägt schon gar nicht mehr, wie und wo man selber dazu beiträgt. Die Seele kommt einem dermaßen unbedeutend vor, daß man sie kaum des Bösen, geschweige denn des Guten fähig erachtet. Wenn aber die Seele nicht mehr mitspielt, so erstarrt das religiöse Leben in Äußerlichkeit und Formelkram. Wie man sich immer das Verhältnis von Gott und Seele vorstellen mag – eines ist sicher: daß die Seele kein Nur sein kann, sondern die Dignität eines Wesens hat, dem es gegeben ist, einer Beziehung zur Gottheit bewußt zu sein. Wenn es auch nur die Beziehung eines Tropfens zum Meere ist; selbst das Meer wäre nicht ohne die Vielheit der Tropfen. Die dogmatisch festgestellte Unsterblichkeit der Seele erhöht diese über die Vergänglichkeit des körperlichen Menschen und macht sie zum Teilhaber einer übernatürlichen Eigenschaft. Sie überragt damit den sterblichen Bewußtseinsmenschen um ein Vielfaches an Bedeutung, so daß es dem Christen eigentlich verboten wäre, die Seele als ein Nur zu betrachten[1]. Wie das Auge der Sonne, so entspricht die Seele Gott. Unser Bewußtsein umfaßt die Seele nicht, und es ist daher lächerlich, wenn wir in gönnerhaftem oder verkleinerndem Ton über die Dinge der Seele sprechen. Selbst der gläubige Christ kennt Gottes verborgene Wege nicht und muß es ihm anheimstellen, ob er von außen oder von innen durch die Seele auf den Menschen wirken will. So darf der Gläubige die Tatsache nicht bestreiten, daß es »somnia a Deo missa« (von Gott gesandte Träume) und Erleuchtungen seiner Seele gibt, welche auf keine äußeren Ursachen zurückgeführt werden können. Es wäre eine Blasphemie, zu behaupten, daß Gott sich überall offenbaren könne, nur gerade nicht in der menschlichen Seele. Ja, die Innigkeit der Beziehung zwischen Gott und Seele schließt jede Minderbewertung der Seele von vornherein aus[2]. Es ist vielleicht zu weit gegangen, von einem Verwandtschaftsverhältnis zu sprechen; aber auf alle Fälle muß die Seele eine Beziehungsmöglich-

1 Das Dogma der Gottebenbildlichkeit fällt ebenfalls schwer ins Gewicht bei der Bewertung des menschlichen Faktors – gar nicht zu reden von der Inkarnation Gottes.

2 Daß auch der Teufel Besitz von der Seele nehmen kann, vermindert ihre Bedeutung keineswegs.

keit, d. h. eine Entsprechung zum Wesen Gottes in sich haben, sonst könnte ein Zusammenhang nie zustande kommen[1]. Diese Entsprechung ist, *psychologisch formuliert*, der *Archetypus des Gottesbildes*.

Jeder Archetypus ist unendlicher Entwicklung und Differenzierung fähig. Es ist daher möglich, daß er mehr oder weniger entwickelt ist. In einer äußerlichen Religionsform, wo aller Nachdruck auf der äußeren Figur liegt (wo es sich also um eine mehr oder weniger vollständige Projektion handelt), ist der Archetypus identisch mit äußeren Vorstellungen, bleibt aber als seelischer Faktor unbewußt. Wenn ein unbewußter Inhalt durch ein Projektionsbild dermaßen ersetzt ist, so wird er vom Mitleben im und Einflußnehmen auf das Bewußtsein ausgeschlossen. Damit büßt er sein Leben weitgehend ein, weil er an der ihm natürlichen Gestaltung des Bewußtseins verhindert ist; ja mehr noch: er verbleibt unverändert in seiner ursprünglichen Form, denn im Unbewußten verändert sich nichts. Von einem gewissen Punkt an entwickelt er sogar eine Neigung zur Regression auf tiefere und archaischere Stufen. Es kann daher der Fall eintreten, daß ein Christ, der zwar an alle heiligen Figuren glaubt, doch im Innersten der Seele unentwickelt und unverändert bleibt, weil er den »ganzen Gott draußen« hat und ihn nicht in der Seele erfährt. Seine ausschlaggebenden Motive und seine maßgebenden Interessen und Impulse erfolgen aus der unbewußten und unentwickelten Seele, die so heidnisch und so archaisch wie nur je ist, und keineswegs aus der Sphäre des Christentums. Nicht nur das Einzelleben, sondern auch die Summierung der Einzelleben im Volke erweist die Wahrheit dieser Behauptung. Die großen Ereignisse unserer Welt, die von Menschen beabsichtigt und hervorgebracht sind, atmen nicht den Geist des Christentums, sondern des ungeschminkten Heidentums. Diese Dinge stammen aus einer archaisch gebliebenen seelischen Verfassung, welche vom Christentum auch nicht von ferne berührt worden ist. Wie die Kirche nicht ganz mit Unrecht annimmt, hinterläßt das

1 Es ist darum psychologisch gänzlich undenkbar, daß Gott das »ganz andere« schlechthin sein sollte; denn ein »ganz anderes« ist niemals das der Seele innigst Vertraute, was Gott eben auch ist. Psychologisch richtig sind nur paradoxe resp. antinome Aussagen über das Gottesbild.

»semel credidisse« (einmal geglaubt haben) gewisse Spuren. Von diesen Spuren ist aber in den großen Haupttatsachen nichts zu entdecken. Die christliche Kultur hat sich in erschreckendem Ausmaß als hohl erwiesen: sie ist äußerliche Politur; der innere Mensch aber ist unberührt und darum unverändert geblieben. Der Zustand der Seele entspricht nicht dem äußerlich Geglaubten. Der Christ hat in seiner Seele mit der äußerlichen Entwicklung nicht Schritt gehalten. Ja, es steht äußerlich alles da in Bild und Wort, in Kirche und Bibel. *Aber es steht nicht innen.* Im Innern regieren archaische Götter, wie nur je; d. h. die innere Entsprechung des äußern Gottesbildes ist aus Mangel an seelischer Kultur unentwickelt und darum im Heidentum steckengeblieben. Die christliche Erziehung hat zwar das Menschenmögliche geleistet; aber es genügte nicht. Zu wenige haben es erfahren, daß die göttliche Gestalt innerstes Eigentum der eigenen Seele ist. Ein Christus ist ihnen nur außen begegnet, aber nie aus der eigenen Seele entgegengetreten; darum herrscht dort noch finsteres Heidentum, welches zum Teil mit nicht mehr zu leugnender Deutlichkeit, zum Teil in allzu fadenscheiniger Verhüllung die sog. christliche Kulturwelt überschwemmt.

Mit den bisher angewendeten Mitteln ist es nicht gelungen, die Seele bis zu dem Grade zu christianisieren, daß auch nur die elementarsten Forderungen der christlichen Ethik irgendeinen maßgeblichen Einfluß auf die hauptsächlichsten Belange des christlichen Europäers hätten. Die christliche Mission predigt zwar das Evangelium den armen, nackten Heiden; aber die inneren Heiden, die Europa bevölkern, haben vom Christentum noch nichts vernommen. Das Christentum muß notgedrungenerweise wieder von vorne beginnen, wenn es seiner hohen Erziehungsaufgabe genügen soll. Solange die Religion nur Glaube und äußere Form und die religiöse Funktion nicht eine Erfahrung der eigenen Seele ist, so ist nichts Gründliches geschehen. Es muß noch verstanden werden, daß das »mysterium magnum« nicht nur an sich vorhanden, sondern auch vornehmlich in der menschlichen Seele begründet ist. Wer das nicht aus Erfahrung weiß, der mag ein Hochgelehrter der Theologie sein; aber von Religion hat er keine Ahnung und noch weniger von Menschenerziehung.

Wenn ich aber nachweise, daß die Seele natürlicherweise eine religiöse Funktion besitzt[1], und wenn ich fordere, daß es die vornehmste Aufgabe aller Erziehung (des Erwachsenen) sei, jenen Archetypus des Gottesbildes, resp. dessen Ausstrahlungen und Wirkungen ins Bewußtsein überzuführen, da fällt mir eben gerade die Theologie in den Arm und überführt mich des »Psychologismus«. Wenn in der Seele nicht erfahrungsgemäß höchste Werte (unbeschadet des ebenfalls vorhandenen ἀντίμιμον πνεῦμα) lägen, so würde mich die Psychologie nicht im geringsten interessieren, da die Seele dann nichts als ein armseliger Dunst wäre. Ich weiß es aber aus hundertfacher Erfahrung, daß sie das nicht ist, sondern daß sie vielmehr die Entsprechung aller jener Dinge enthält, welche das Dogma formuliert hat, und einiges darüber hinaus, was eben die Seele befähigt, jenes Auge zu sein, dem es bestimmt ist, das Licht zu schauen. Dazu bedarf es unermeßlichen Umfangs und unauslotbarer Tiefe. Man hat mir »Vergottung der Seele« vorgeworfen. *Nicht ich – Gott selbst hat sie vergottet!* Nicht ich habe der Seele eine religiöse Funktion angedichtet, sondern ich habe die Tatsachen vorgelegt, welche beweisen, daß die Seele »naturaliter religiosa« ist, d. h. eine religiöse Funktion besitzt: eine Funktion, die ich nicht hineingelegt oder -gedeutet habe, sondern die sie selber von sich aus produziert, ohne durch irgendwelche Meinungen oder Suggestionen dazu veranlaßt zu sein. In einer geradezu tragischen Verblendung sehen diese Theologen nicht ein, daß es sich nicht darum handelt, die Existenz des Lichtes zu beweisen, sondern darum, daß es Blinde gibt, die nicht wissen, daß ihre Augen etwas sehen könnten. Man sollte nachgerade einmal merken, daß es nichts nützt, das Licht zu preisen und zu predigen, wenn es niemand sehen kann. Vielmehr wäre es notwendig, dem Menschen die Kunst des Sehens beizubringen. Es ist ja offenkundig, daß allzuviele unfähig sind, einen Zusammenhang zwischen den heiligen Figuren und ihrer eigenen Seele herzustellen; d. h. sie können nicht sehen, daß und inwiefern entsprechende Bilder in ihrem eigenen Unbewußten schlummern. Um diese innere Schau möglich zu machen, muß der Weg zum Sehenkönnen freigemacht werden. Wie dies ohne Psychologie, d. h. ohne Be-

1 Tertullian: »Anima naturaliter christiana.«

rührung der Seele, erreicht werden soll, ist mir, offen gestanden, unerfindlich[1].

Ein weiteres, ebenso folgenschweres Mißverständnis besteht darin, daß man der Psychologie die Absicht einer womöglich häretischen neuen Lehre unterschiebt. Wenn man einem Blinden allmählich das Sehen beibringt, so ist nicht zu erwarten, daß er sofort mit Adlerblick neue Wahrheiten entdeckt. Man muß froh sein, wenn er überhaupt *etwas* sieht und einigermaßen verstehen kann, was er sieht. Die Psychologie befaßt sich mit dem Akt des Sehens, und nicht mit der Konstruktion neuer religiöser Wahrheiten, wo doch die schon bestehenden Lehren noch nicht eingesehen und verstanden sind. In religiösen Dingen kann man bekanntlich nichts verstehen, das man nicht innerlich erfahren hat. In der inneren Erfahrung erst offenbart sich die Beziehung der Seele zu dem äußerlich Vorgezeigten und Gepredigten als eine Verwandtschaft oder Entsprechung wie die von »sponsus« und »sponsa«. Wenn ich daher als Psychologe sage, Gott sei ein Archetypus, so meine ich damit den Typus in der Seele, was bekanntlich von τύπος = Schlag, Einprägung herkommt. Schon das Wort »Archetypus« setzt ein Prägendes voraus. Psychologie als Wissenschaft von der Seele hat sich auf ihren Gegenstand zu beschränken und sich davor zu hüten, ihre Grenzen etwa durch metaphysische Behauptungen oder sonstige Glaubensbekenntnisse zu überschreiten. Sollte sie einen Gott auch nur als hypothetische Ursache setzen, so hätte sie implicite die Möglichkeit eines Gottesbeweises gefordert, womit sie ihre Kompetenz in absolut unzulässiger Weise überschreiten würde. Wissenschaft kann nur Wissenschaft sein; es gibt keine »wissenschaftlichen« Glaubensbekenntnisse und ähnliche »contradictiones in adiecto«. Wir wissen einfach nicht, woraus der Archetypus in letzter Linie herzuleiten ist, sowenig wie wir den Ursprung der Seele kennen. Die Kompetenz der Psychologie als Erfahrungswissenschaft geht nur so weit, festzustellen, ob der in der Seele gefundene Typus auf Grund vergleichender Forschung billigerweise z. B. als ein »Gottesbild« bezeichnet werden darf oder nicht. Über eine mögliche Existenz Gottes ist damit

1 Da es sich hier um die Frage der menschlichen Bemühung handelt, sehe ich ab von Gnadenakten, die jenseits menschlicher Reichweite liegen.

weder positiv noch negativ etwas ausgesagt, so wenig als der Archetypus des »Helden« das Vorhandensein eines solchen setzt.

Wenn nun meine psychologische Forschung das Vorhandensein gewisser psychischer Typen und deren Analogie mit bekannten religiösen Vorstellungen nachweist, so ist damit die Möglichkeit eines Zuganges zu jenen *erfahrbaren* Inhalten gegeben, welche offenkundig und unleugbar die empirisch faßbare Grundlage der religiösen Erfahrung bilden. Es steht dem gläubigen Menschen frei, irgendwelche metaphysischen Erklärungen über den Ursprung dieser Bilder anzunehmen, nicht aber dem Intellekt, der sich strikte an die Prinzipien wissenschaftlicher Erklärung zu halten und jede Überschreitung der Wissensmöglichkeit zu vermeiden hat. Niemand kann den Glauben daran verhindern, als erste Ursache Gott, den Purusha, den Atman oder das Tao anzunehmen und damit die letztliche Unbefriedigung des Menschen im ganzen aufzuheben. Die Wissenschaft tut fleißige Arbeit; sie ist kein Himmelsstürmer. Läßt sie sich aber zu letzterer Extravaganz hinreißen, so hat sie auch schon den Ast abgesägt, auf dem sie sitzt.

Tatsache ist nun, daß die Erkenntnis und Erfahrung vom Vorhandensein dieser inneren Bilder für den Verstand sowohl wie für das Gefühl einen Zugang zu jenen andern Bildern eröffnet, welche die religiöse Lehre dem Menschen vorsetzt. Damit tut die Psychologie das Gegenteil von dem, was man ihr vorwirft: sie verschafft Möglichkeiten zum besseren Verständnis des Vorhandenen, sie öffnet das Auge für die Sinnerfülltheit der Dogmen; sie zerstört eben gerade nicht, sondern bietet einem leeren Haus neue Bewohner. Ich kann dies aus vielfacher Erfahrung bestätigen: Abtrünnige oder Erkaltete der verschiedensten Bekenntnisse fanden einen neuen Zugang zu ihren alten Wahrheiten; darunter waren nicht wenige Katholiken. Selbst ein Parsi fand den Weg zum zoroastrischen Feuertempel wieder, woraus man auf die Objektivität meines Standpunktes schließen möge.

Aber eben diese Objektivität macht man meiner Psychologie zum größten Vorwurf: sie entscheide sich nicht für die oder jene bestimmte religiöse Lehre. Ohne meiner subjektiven Überzeugung irgendwie vorzugreifen, möchte ich die Frage aufwerfen: Ist es nicht denkbar, daß auch das eine Entscheidung sein könnte, wenn man sich nicht zum »arbiter mundi« aufwirft, sondern ausdrücklich auf diese Subjektivität verzichtet und z. B. dem Glauben huldigt, daß Gott sich in vielen Sprachen und in vielerlei Erscheinungsweisen ausgedrückt habe und daß alle diese Aussagen *wahr* sind? Der namentlich von christlicher Seite erhobene Einwand, daß doch unmöglich die allerwidersprechendsten Aussagen wahr sein können, muß sich die höfliche Anfrage gefallen lassen: Ist eins = drei? Wie kann drei eins sein? Kann eine Mutter Jungfrau sein? Und so weiter. Hat man denn noch nicht bemerkt, daß alle religiösen Aussagen logische Widersprüche und prinzipiell unmögliche Behauptungen enthalten, ja, daß das sogar das Wesen der religiösen Behauptung ausmacht? Dafür haben wir das Bekenntnis Tertullians: »Et mortuus est Dei filius, prorsus credibile est, quia ineptum est. Et sepultus resurrexit; certum est, quia impossibile est.« (Und gestorben ist Gottes Sohn, was geradezu glaubhaft ist, weil es ungereimt ist. Und begraben ist er auferstanden; das ist gewiß, weil es unmöglich ist.) Wenn das Christentum zum Glauben an solche Widersprüche auffordert, so kann es doch, wie mir scheint, den nicht verwerfen, der noch ein paar weitere Paradoxien gelten läßt. Die Paradoxie gehört sonderbarerweise zum höchsten geistigen Gut; die Eindeutigkeit aber ist ein Zeichen der Schwäche. Darum verarmt eine Religion innerlich, wenn sie ihre Paradoxien verliert oder vermindert; deren Vermehrung aber bereichert, denn nur das Paradoxe vermag die Fülle des Lebens annähernd zu fassen, die Eindeutigkeit und das Widerspruchslose aber sind einseitig und darum ungeeignet, das Unerfaßliche auszudrücken.

Nicht jeder besitzt die Geisteskraft eines Tertullian, welcher offenbar die Paradoxie nicht nur ertragen konnte, sondern sie bedeutete ihm sogar höchste religiöse Gewißheit. Die übergroße Anzahl der geistig Schwachen macht die Paradoxie gefährlich. Solange letztere unbesehen als nie bedachte Selbstverständlichkeit vorgefunden wird und gewohnheitsmäßiger Aspekt des Lebens ist, bleibt sie ungefährlich. Wenn es aber einem ungenügend entwickelten Verstande (der bekanntlich immer das meiste von sich hält) einfallen sollte, die Paradoxie einer Glaubensaussage zum

Gegenstand seines ebenso ernstlichen wie impotenten Nachdenkens zu machen, so ginge es nicht lange, bis er in ein ikonoklastisches Hohngelächter ausbrechen und mit Fingern auf die allen preisgegebene Ineptia des Mysteriums hinweisen würde. Seit der französischen Aufklärung ist es rapid bergab gegangen; denn wenn dieser Duodezverstand, der keine Paradoxien erträgt, einmal erwacht ist, kann ihn keine Predigt mehr unterdrücken. Es entsteht dann eine neue Aufgabe: nämlich diesen noch unentwickelten Verstand allmählich auf eine höhere Stufe zu bringen und die Zahl jener zu vermehren, die wenigstens eine Ahnung vom Umfang einer paradoxen Wahrheit aufbringen können. Wenn dies nicht möglich ist, so kann der geistige Zugang zum Christentum so gut wie als verschüttet gelten. Man begreift einfach nicht mehr, was mit den Paradoxien des Dogmas gemeint sein könnte, und je äußerlicher deren Auffassung wird, desto mehr stößt man sich an deren irrationaler Gestalt, und schließlich werden sie als kuriose Relikte der Vergangenheit überhaupt obsolet. Inwiefern diese Entwicklung einen in seinem Umfang schwer abzuschätzenden geistigen Verlust bedeutet, ist dem Betroffenen unerfindlich, weil er die heiligen Bilder ja nie als eigenen inneren Besitz erfahren und nie um deren Verwandtschaft mit seiner eigenen seelischen Struktur gewußt hat. Aber eben diese unerläßliche Erkenntnis kann ihm die Psychologie des Unbewußten vermitteln, wobei gerade deren wissenschaftliche Objektivität von größtem Werte ist. Wäre die Psychologie konfessionsgebunden, so könnte und dürfte sie dem Unbewußten des Individuums nicht jenes freie Spiel gewähren, welches zur Produktion der Archetypen unerläßliche Vorbedingung ist. Es ist nämlich gerade die Spontaneität der archetypischen Inhalte, welche überzeugt. Der präjudizierte Eingriff dagegen verhindert unvoreingenommene Erfahrung. Wenn der Theologe wirklich an die Allgewalt Gottes einerseits und an die Gültigkeit der Dogmen anderseits glaubt, warum vertraut er dann nicht darauf, daß auch die Seele Gott ausspricht? Warum diese Angst vor der Psychologie? Oder soll die Seele (in gänzlich undogmatischer Weise) direkt als die Hölle gelten, aus der nur Dämonen sprechen? Sollte dies wirklich der Fall sein, so wäre eine solche Tatsache wohl nicht minder überzeugend; denn wie man weiß, hat

die mit Entsetzen wahrgenommene Realität des Bösen mindestens ebensoviele Menschen bekehrt wie die Erfahrung des Guten.
Die Archetypen des Unbewußten sind empirisch nachweisbare Entsprechungen der religiösen Dogmen. In der hermeneutischen Sprache der Väter besitzt die Kirche einen reichen Schatz an Analogien mit den der Psychologie vorliegenden individuellen Spontanprodukten. Was das Unbewußte ausspricht, ist nämlich keine Willkürlichkeit und keine Meinung, sondern es ist ein Geschehen oder ein Sosein, wie das irgendeines Naturwesens. Es ist selbstverständlich, daß die Ausdrücke des Unbewußten naturhaft und nicht dogmatisch formuliert sind, genau wie die patristische Allegorik, welche den ganzen Umfang der Natur in den Bereich ihrer Amplifikationen zieht. Wenn es hier erstaunliche »allegoriae« Christi gibt, so finden wir Ähnliches auch in der Psychologie des Unbewußten. Der Unterschied ist aber der, daß die patristische Allegorie »ad Christum spectat« (sich auf Christus bezieht), während der psychische Archetypus sich selber ist und daher je nach Zeit, Ort und Milieu gedeutet werden kann. Im Westen wird er durch das dogmatische Christusbild, im Osten durch Purusha, Atman, Hiranyagarbha, Buddha usw. ausgefüllt. Der religiöse Standpunkt verlegt den Akzent begreiflicherweise auf den prägenden Stempel, die Psychologie als Wissenschaft aber auf den ihr allein faßbaren τύπος, die Prägung. Der religiöse Standpunkt faßt den Typus als Wirkung des Stempels auf; der wissenschaftliche dagegen faßt ersteren als Symbol eines ihm unbekannten und unfaßbaren Gehaltes auf. Da nun der Typus unbestimmter und vielseitiger ist als die jeweilige religiöse Voraussetzung, so ist die Psychologie durch ihr empirisches Material gezwungen, den Typus durch einen Terminus auszudrücken, welcher nicht zeitlich, örtlich oder milieugebunden ist. Würde nämlich der Typus z. B. mit der dogmatischen Gestalt Christi in jeder Einzelheit übereinstimmen und keinerlei Bestimmung enthalten, die darüber hinausginge, so müßte man den Typus zum mindesten als ein getreues Abbild der dogmatischen Gestalt ansehen und dementsprechend benennen. Der Typus würde dann mit Christus koinzidieren. Dies ist nun empirisch nicht der Fall, indem nämlich das Unbewußte, wie die

Allegorik der Kirchenväter, noch zahlreiche andere, in der dogmatischen Formel nicht explicite enthaltene Bestimmungen aufstellt, welche z. B. nichtchristliche Figuren, wie die oben erwähnten, in den Typus einbegreifen. Aber auch diese Figuren erfüllen die Unbestimmtheit des Archetypus nicht. Es ist überhaupt undenkbar, daß es irgendeine *bestimmte* Figur geben könnte, welche archetypische *Unbestimmtheit* ausdrückte. Ich habe mich infolgedessen veranlaßt gesehen, dem entsprechenden Archetypus den psychologischen Namen »Selbst« zu geben, welcher Begriff einerseits bestimmt genug ist, um einen Inbegriff menschlicher Ganzheit zu vermitteln, anderseits unbestimmt genug, um die Unbeschreiblichkeit und Unbestimmbarkeit der Ganzheit auszudrücken. Diese paradoxen Eigenschaften des Begriffes entsprechen der Tatsache, daß die Ganzheit einesteils aus dem bewußten, anderenteils aus dem unbewußten Menschen besteht. Grenzen und Bestimmungen des letzteren aber können nicht angegeben werden. Im wissenschaftlichen Sprachgebrauch weist das »Selbst« daher weder auf Christus noch auf Buddha hin, sondern auf die Gesamtheit entsprechender Gestalten, und jede dieser Gestalten ist ein *Symbol des Selbst*. Diese Ausdrucksweise ist eine Denknotwendigkeit der wissenschaftlichen Psychologie und bedeutet in keinerlei Weise ein transzendentales Präjudiz. Im Gegenteil ermöglicht, wie oben erwähnt, dieser objektive Standpunkt dem einen die Entscheidung für die Bestimmung Christus, dem andern für Buddha usw. Wem diese Objektivität ein Ärgernis ist, der möge bedenken, daß ohne diese eine Wissenschaft unmöglich ist. Wenn er also der Psychologie das Recht auf Objektivität bestreitet, so macht er damit den unzeitgemäßen Versuch, einer Wissenschaft das Lebenslicht auszublasen. Selbst wenn ein solch unsinniger Versuch gelänge, so wäre damit nur die bereits katastrophale Entfremdung zwischen dem weltlichen Verstand einerseits und Kirche und Religion anderseits noch mehr gesteigert.

Es ist nicht nur begreiflich, sondern auch eine absolute »raison d'être« für eine Wissenschaft, daß sie mit relativer Ausschließlichkeit sich auf ihren Gegenstand konzentriert. Da der Begriff des Selbst der Psychologie von zentralem Interesse ist, so denkt sie natürlich in umgekehrter Rich-

tung zur Theologie: Die religiösen Gestalten weisen für die erstere auf das Selbst; für letztere dagegen weist das Selbst auf ihre eigene Zentralvorstellung; d. h. das psychologische Selbst könnte von der Theologie allenfalls als eine »allegoria« Christi verstanden werden. Dieser Gegensatz ist gewiß irritierend, aber leider unumgänglich, wenn anders der Psychologie nicht das Existenzrecht überhaupt abgesprochen werden soll. Ich plädiere daher für Duldung, was der Psychologie nicht schwer fällt, denn als Wissenschaft hat sie keine totalitären Ansprüche.
Das »Christussymbol« ist der Psychologie von größter Wichtigkeit, insofern es, neben der Gestalt des Buddha, vielleicht das am höchsten entwickelte und differenzierte Symbol des Selbst ist. Dies ermessen wir an der Umfänglichkeit und dem Gehalt der über Christus vorhandenen Aussagen, welche der psychologischen Phänomenologie des Selbst in selten hohem Maße entsprechen, obschon sie nicht alle Aspekte dieses Archetypus in sich begreifen. Der unabsehbar weite Umfang desselben kann als Nachteil gegenüber der Bestimmtheit einer religiösen Figur bewertet werden. Werturteile zu fällen ist aber keineswegs die Aufgabe der Wissenschaft. Das Selbst ist nicht nur unbestimmt, sondern enthält auch paradoxerweise den Charakter der Bestimmtheit, ja der Einmaligkeit. Dies ist wohl einer der Gründe, warum gerade diejenigen Religionen, welche historische Persönlichkeiten zu Begründern haben, zu Weltreligionen geworden sind, wie das Christentum, der Buddhismus und der Islam. Die Einbeziehung der einmaligen menschlichen Persönlichkeit (und dies besonders in Vereinigung mit der nicht bestimmbaren göttlichen Natur) entspricht eben dem absolut Individuellen des Selbst, welches Einmaliges mit Ewigem und das Einzelne mit dem Allgemeinsten verbindet. Das Selbst ist eine Vereinigung der Gegensätze κατ᾽ ἐξοχήν. Damit unterscheidet sich dieses Symbol ganz wesentlich vom christlichen. Die Androgynie Christi ist die äußerste Konzession der Kirche an die Gegensatzproblematik. Der Gegensatz zwischen Hell und Gut einerseits und Dunkel und Böse anderseits wurde in seinem offenen Konflikt belassen, indem Christus schlechthin das Gute, der Widerpart Christi, der Teufel, aber das Böse vertritt. Dieser Gegensatz ist das eigentliche Weltproblem.

welches vorderhand noch ungelöst ist. Das Selbst aber ist absolute Paradoxie, indem es in jeder Beziehung Thesis und Antithesis und zugleich Synthesis darstellt. (Die psychologischen Belege für diese Behauptung existieren in reichlichem Ausmaß. Es ist mir aber unmöglich, solche hier in extenso anzuführen. Ich verweise den Kenner dieser Materie auf die Mandalasymbolik.)

Der durch die Erforschung des Unbewußten dem Bewußtsein angenäherte Archetypus konfrontiert daher das Individuum mit der abgründigen Gegensätzlichkeit menschlicher Natur, womit ihm eine ganz unmittelbare Erfahrung von Licht und Finsternis, von Christus und Teufel, ermöglicht wird. Es handelt sich wohlverstanden besten- oder schlimmstenfalls nur um *Ermöglichung* und nicht um *Gewährleistung*; denn Erfahrungen dieser Art können durch unsere menschlichen Mittel nicht mit Notwendigkeit herbeigeführt werden. Es sind dabei Faktoren zu berücksichtigen, die nicht unter unserer Kontrolle stehen. Das Erlebnis des Gegensatzes hat weder mit intellektueller Einsicht noch mit Anempfindung irgend etwas zu tun. Man könnte es eher ein Schicksal nennen. Ein solches Erlebnis kann dem einen die Wahrheit Christi, dem andern die Wahrheit Buddhas beweisen, und zwar bis zur äußersten Evidenz.

Ohne das Erlebnis der Gegensätzlichkeit gibt es keine Erfahrung der Ganzheit und damit auch keinen inneren Zugang zu den heiligen Gestalten. Aus diesem Grunde insistiert das Christentum mit Recht auf der Sündhaftigkeit und der Erbsünde in der offenkundigen Absicht, wenigstens von außen jenen Abgrund der Weltgegensätzlichkeit in jedem Einzelnen aufzureißen. Dem einigermaßen erwachten Verstande gegenüber versagt allerdings diese Methode, indem man die Lehre einfach nicht mehr glaubt und überdies für absurd hält. Ein solcher Verstand ist eben bloß eindeutig und bleibt bei der »ineptia mysterii« stehen. Von TERTULLIANscher Antinomistik ist er himmelweit entfernt; ja, er vermöchte das Leiden einer solchen Gegensätzlichkeit überhaupt nicht zu ertragen. Die Tatsache ist nicht unbekannt, daß durch die rigorosen Exerzitien und gewisse Missionspredigten auf katholischer Seite und durch eine gewisse sündenschnüffelnde protestantische Erziehung seelische Schädigungen, die nicht zum Reiche Gottes, sondern in die ärztliche Sprechstunde führen, verursacht werden. Trotzdem die Einsicht in die Gegensätzlichkeit eigentlich unerläßlich ist, so kann sie doch praktisch nur von wenigen ertragen werden – ein Umstand, welcher der Beichterfahrung nicht entgangen ist. Eine palliative Reaktion darauf bildet der so oft und von verschiedenster Seite beanstandete *moralische Probabilismus*, welcher die Erdrückung durch die Sünde verhindern soll[1]. Wie man über diese Erscheinung auch denken mag, so ist doch eines sicher, und das ist die Tatsache, daß darin neben anderm auch ein großes Stück Menschlichkeit und ein Verständnis für menschliche Schwäche stecken, welche die Unerträglichkeit der Antinomie kompensieren. Das ungeheuerliche Paradox der Insistenz auf der Erbsünde einerseits und der Konzession des Probabilismus anderseits ist dem Psychologen als eine notwendige Folge der oben skizzierten christlichen Gegensatzproblematik unmittelbar verständlich – sind doch im Selbst Gut und Böse einander näher als eineiige Zwillinge! Die Realität des Bösen und dessen Unvereinbarkeit mit dem Guten reißen die Gegensätze auseinander und führen unerbittlich zur Kreuzigung und Suspension alles Lebendigen. Da die »anima naturaliter christiana« ist, so müßte diese Folge so unweigerlich eintreten, wie sie im Leben Jesu eintrat: wir alle sollten »mit Christo gekreuzigt«, d. h. in einem moralischen Leiden, das der wahrhaftigen Kreuzi-

1 Zöckler (Realenzyklopädie f. prot. Theol. u. Kirche, Bd. 16, S. 67, Leipzig 1905) definiert folgendermaßen: »Probabilismus nennt man im allgemeinen die Denkweise, welche bei Beantwortung wissenschaftlicher Fragen mit einem höhern oder geringern Grade von Wahrscheinlichkeit sich zufrieden gibt. Der für uns hier allein in Betracht kommende moralische Probabilismus besteht in dem Grundsatze, bei Akten sittlicher Selbstbestimmung sich nicht nach dem Gewissen, sondern nach dem wahrscheinlich Richtigen, d. h. nach dem durch irgendwelche vorbildliche oder Lehr-Autorität Empfohlenen, zu richten.« Der jesuitische Probabilist Escobar (gest. 1669) vertritt z. B. die Meinung, daß, wenn das Beichtkind sich auf eine probable Meinung als Grund seines Handelns berufe, der Beichtvater gehalten sei, zu absolvieren, auch wenn er diese Überzeugung nicht teile. Escobar zitiert zur Frage, wie oft im Leben man zur Gottesliebe verpflichtet sei, eine Reihe jesuitischer Autoritäten. Nach einer Meinung genüge einmalige Gottesliebe kurz vor dem Tode, nach einer andern: einmal pro Jahr, oder alle drei bis vier Jahre einmal. Er selber kommt zum Schluß, es genüge, Gott zu lieben einmal beim ersten Erwachen der Vernunft, dann alle fünf Jahre einmal und schließlich einmal in der Todesstunde. Nach seiner Meinung bildet die große Anzahl verschiedener moralischer Lehrmeinungen einen Hauptbeweis für Gottes gütige Vorsehung, *weil dadurch Christi Joch so leicht werde* (l. c. S. 68). Vgl. dazu auch v. Harnack: Lehrbuch der Dogmengeschichte. 5. Aufl., Bd. 3, S. 748 ff. Tübingen 1931.

gung entspricht, suspendiert sein. Das ist praktisch zunächst nur annähernd möglich und dann überdies dermaßen unerträglich und lebensfeindlich, daß ein gewöhnlicher Mensch nur zeitweise und möglichst selten in einen solchen Zustand zu geraten sich leisten kann. Denn wie könnte er neben einem solchen Leiden noch gewöhnlich sein! Eine mehr oder weniger probabilistische Einstellung zum Problem des Bösen ist daher unumgänglich. Somit stellt sich in concreto die Wahrheit des Selbst, nämlich die unausdenkbare Einheit Gut – Böse, in der Paradoxie heraus, daß die Sünde zwar das Bedenklichste und Schwerste ist, aber doch nicht so schwer wiegt, daß man sich ihrer nicht mit »probabeln« Gründen entledigen könnte. Dabei ist letzteres nicht einmal unbedingt eine Laxheit oder ein Leichtsinn, sondern eine praktische Lebensnotwendigkeit schlechthin. Die Beichtpraxis verfährt wie das Leben selber, welches sich mit Erfolg dagegen sträubt, in einem unvereinbaren Gegensatz zugrunde zu gehen. Demgegenüber bleibt – nota bene – der Konflikt expressis verbis bestehen, was wiederum der Antinomie des Selbst entspricht, welches selber Konflikt und Einheit ist.

Das Christentum hat die Antinomie von Gut und Böse zu einem Weltproblem und durch die dogmatische Formulierung des Gegensatzes zu einem absoluten Prinzip erhoben. In diesen vorderhand ungelösten Konflikt ist der christliche Mensch hineingestellt als ein Protagonist des Guten und als Mitspieler im Weltdrama. Diese Nachfolge Christi bedeutet, wenn in tiefstem Sinne verstanden, ein Leiden, welches weitaus den meisten unerträglich ist. Die Nachfolge Christi wird daher in der Wirklichkeit nur bedingt bzw. gar nicht durchgeführt, und die seelsorgerische Praxis der Kirche sieht sich sogar genötigt, das »Joch Christi zu erleichtern«. Das bedeutet nun einen ganz wesentlichen Abstrich an der Härte und Schärfe des Konfliktes und damit eine *praktische Relativierung von Gut und Böse*. Das Gute ist gleichbedeutend mit der unbedingten Nachfolge Christi und das Böse eine Behinderung derselben. Moralische Schwäche und Trägheit des Menschen sind es, welche die Nachfolge am allermeisten behindern, und mit eben diesen hat der Probabilismus ein praktisches Einsehen, welches christlicher Duldung, Milde und Nächstenliebe entsprechen kann, gelegentlich vielleicht mehr als die Gesinnung derer, die darin nur Laxheit erblicken. Obschon man der probabilistischen Bestrebung eine Reihe christlicher Haupttugenden zusprechen muß, so ist doch nicht zu übersehen, daß sie das Leiden der Nachfolge Christi hindert und damit den Kampf des Guten gegen das Böse seiner Schärfe beraubt und bis zu einem erträglichen Maß abmildert. Damit tritt eine Annäherung an den psychischen Archetypus des Selbst ein, in welchem auch dieser Gegensatz als geeint erscheint, und zwar, wie schon erwähnt, unähnlich der christlichen Symbolik, welche den Konflikt offen läßt. Für letztere geht ein »Riß« durch die Welt: das Licht kämpft gegen die Nacht und das Obere gegen das Untere. *Diese Zwei sind nicht Eins*, wie im psychischen Archetypus. Wennschon das Dogma den Gedanken perhorresziert, daß die Zwei Eins ist, so ermöglicht, wie wir gesehen haben, die religiöse Praxis doch eine annähernde Durchführung des natürlichen psychologischen Symbols, eben des in sich geeinten Selbst. Dagegen insistiert das Dogma darauf, daß die *Drei* Eins sei, verwahrt sich aber dagegen, daß die *Vier* Eins sei. Die ungeraden Zahlen sind bekanntlich seit alters nicht nur bei uns im Westen, sondern auch in China *männlich*, die geraden aber *weiblich*. Damit ist die Trinität eine ausgesprochen männliche Gottheit, wozu die Androgynie Christi und die besondere Stellung und Erhöhung der Gottesmutter kein volles Äquivalent bieten.

Mit dieser den Leser vielleicht fremdartig anmutenden Konstatierung kommen wir zu einem zentralen Axiom der Alchemie, nämlich dem Satz der MARIA PROPHETISSA: »Die Eins wird zu Zwei, die Zwei zu Drei, und aus dem Dritten wird das Eine als Viertes.« Wie der Leser schon aus dem Titel dieses Buches (»Psychologie und Alchemie«) ersehen hat, beschäftigt es sich mit der psychologischen Bedeutung der Alchemie, also mit einem Problem, das, abgesehen von sehr wenigen Ausnahmen, der wissenschaftlichen Erforschung bis jetzt entgangen ist. Die Wissenschaft hat sich bis vor kurzem nur mit dem chemiehistorischen Aspekt der Alchemie beschäftigt und nur in geringem Maße mit deren philosophischer und religionshistorischer Seite. Die Bedeutung der Alchemie für die Entwicklungsgeschichte der Chemie liegt auf der Hand. Ihre geistesgeschichtliche Bedeutung dagegen ist noch so unbekannt, daß es fast unmöglich erscheint, mit wenigen Worten anzugeben, worin diese besteht. In dieser Einleitung habe ich daher den Versuch gemacht, jene religionshistorische und psychologische Problematik darzustellen, in welche sich das alchemistische Thema einfügt. Die Alchemie nämlich bildet etwas wie eine Unterströmung zu dem die Oberfläche beherrschenden Christentum. Sie verhält sich zu diesem wie ein Traum zum Bewußtsein, und wie dieser die Konflikte des Bewußtseins kompensiert, so bestrebt sich jene, die Lücken, welche die Gegensatzspannung des Christentums offengelassen hat, auszufüllen. Dies drückt sich wohl am prägnantesten in jenem Axiom aus, das wie ein Leitmotiv fast die ganze über 1700 Jahre sich erstreckende Lebensdauer der Alchemie durchzieht: eben jener oben zitierte Satz der MARIA PROPHETISSA. Hier schieben sich zwischen die ungeraden Zahlen der christlichen Dogmatik die geraden Zahlen, welche das Weibliche, die Erde, das Unterirdische, ja das Böse selber bedeuten. Ihre Personifikation ist der »serpens mercurii«, der Drache, welcher sich selbst erzeugt und zerstört und die »prima materia« darstellt. Dieser Grundgedanke der Alchemie weist zurück auf die Tehom (Gen. I), die Tiâmat mit ihrem Drachenattribut. und damit auf die matriarchale Urwelt, welche in der Theomachie des Mardukmythus von der männlichen Vaterwelt überwunden wurde[1]. Die welthistorische Wandlung des Bewußtseins nach der »männlichen« Seite ist kompensiert zunächst durch das Chthonisch-Weibliche des Unbewußten. Schon in gewissen vorchristlichen Religionen tritt eine Differenzierung des Männlichen ein in Gestalt der Spezifikation Vater – Sohn, welche Wandlung dann im Christentum zu höchster Bedeutung gelangt. Wäre das Unbewußte bloß komplementär, so hätte es diese Bewußtseinswandlung begleitet durch die Herausstellung von Mutter und Tochter, wozu im Demeter-Persephone-Mythus das nötige Material bereit lag. Es hat aber, wie die Alchemie zeigt, den Typus Kybele-Attis in der Gestalt von »prima materia« und »filius macrocosmi« vorgezogen und damit sich nicht als

1 Der Leser findet eine Zusammenstellung der Mythenmotive in J. B. Lang: Hat ein Gott die Welt erschaffen?, Bern 1942. Leider wird die philologische Kritik an dieser Schrift vieles auszusetzen haben. Sie ist aber um ihrer gnostizistischen Tendenz willen bemerkenswert.

komplementär, sondern als kompensierend erwiesen. So zeigt es sich, daß das Unbewußte nicht einfach gegensätzlich zum Bewußtsein sich verhält, sondern ein mehr oder weniger modifizierender Gegen- oder Mitspieler ist. Der Sohntypus ruft als Ergänzungsbild aus dem »chthonischen« Unbewußten nicht eine Tochter, sondern ebenfalls einen Sohn hervor. Diese bemerkenswerte Tatsache hängt allem Anschein nach mit der Inkarnation des rein geistigen Gottes in der irdischen Menschennatur zusammen, ermöglicht durch die Zeugung des Heiligen Geistes im Uterus der Beata Virgo. So neigt sich das Obere, Geistige, Männliche dem Untern, Irdischen, Weiblichen zu, und dementsprechend erzeugt die der Vaterwelt vorangehende Mutter, *dem Männlichen entgegenkommend*, durch das Instrument des menschlichen Geistes (der »Philosophie«) einen Sohn, nicht den Gegensatz zu Christus, sondern dessen chthonische Entsprechung, nicht einen Gottmenschen, sondern ein mit dem Wesen der Urmutter konformes Fabelwesen. Und wie dem oberen Sohn die Erlösung des Menschen (des Mikrokosmos) zur Aufgabe fällt, so hat der untere Sohn die Bedeutung eines »salvator macrocosmi«.

Dies ist in kurzen Zügen das dramatische Geschehen, welches sich in den Dunkelheiten der Alchemie abspielte. Es ist überflüssig, zu bemerken, daß sich diese beiden Söhne nie einigten, außer vielleicht im Geiste und im innersten Erleben einiger weniger, besonders begabter Alchemisten. Was aber mit diesem Geschehen »bezweckt« war, ist nicht allzuschwer einzusehen: die Menschwerdung Gottes hatte den Anschein einer Annäherung des männlichen Prinzips der Vaterwelt an das weibliche Prinzip der Mutterwelt, wodurch letztere sich zu einer Angleichung an die Vaterwelt bewogen fühlte. Dies bedeutete offenbar soviel wie einen Überbrückungsversuch zur Kompensation des offenen Konfliktes.

Der Leser möge sich nicht daran stoßen, daß meine Darstellung wie ein gnostischer Mythus klingt. Wir bewegen uns hier eben in jenen psychologischen Gebieten, in denen Gnosis wurzelt. Die Aussage des christlichen Symbols ist Gnosis, und die Kompensation des Unbewußten ist es erst recht. Das Mythologem ist die ureigentlichste Sprache dieser psychischen Vorgänge, und keine intellektuelle Formulierung kann auch nur annähernd die Fülle und Aus-

druckskraft des mythischen Bildes erreichen. Es handelt sich um Urbilder, die darum auch am besten und treffendsten durch eine bildhafte Sprache wiedergegeben werden.
Der hier geschilderte Vorgang weist alle charakteristischen Züge einer psychologischen Kompensation auf. Die Maske des Unbewußten ist bekanntlich nicht starr, sondern spiegelt jenes Gesicht, das man ihm zeigt. Feindseligkeit gibt ihm drohende Gestalt, Entgegenkommen mildert seine Züge. Dabei handelt es sich nicht um eine bloße optische Spiegelung, sondern um eine autonome Antwort, welche das eigenständige Wesen des Antwortenden erkennen läßt. So ist der »filius philosophorum« keineswegs ein bloßer Reflex des Gottessohnes in ungeeigneter Materie, sondern der Sohn der Tiâmat zeigt die Züge der mütterlichen Urgestalt. Er ist zwar ein ausgesprochener Hermaphrodit, hat jedoch männlichen Namen und verrät damit die Kompromißneigung der vom Geiste verworfenen und mit dem Bösen schlechthin identifizierten, chthonischen Unterwelt: er ist unverkennbar eine Konzession an das Geistige und Männliche, obschon er die Schwere der Erde und die Fabulosität tierischer Urwesen an sich trägt.
Diese Antwort der Mutterwelt zeigt, daß die Kluft, die sie von der Vaterwelt trennt, nicht unüberbrückbar ist, weil das Unbewußte einen Keim der Einheit beider in sich enthält. Das Wesen des Bewußtseins ist Unterscheidung; es muß, um der Bewußtheit willen, die Gegensätze voneinander trennen, und zwar *contra naturam.* In der Natur suchen sich die Gegensätze – »les extrêmes se touchent« –, und so ist es im Unbewußten, insbesondere im Archetypus der Einheit, im Selbst. In diesem sind, wie in der Gottheit, die Gegensätze aufgehoben. Aber mit der Manifestation des Unbewußten beginnt die Spaltung derselben, wie bei der Schöpfung; denn jeder Akt der Bewußtwerdung ist ein Schöpferakt, und aus dieser psychologischen Erfahrung stammen die mannigfachen kosmogonischen Symbole.
In der Alchemie handelt es sich vornehmlich um den Keim der Einheit, welcher im Chaos der Tiâmat verborgen liegt und die Entsprechung zur Einheit der Gottheit bildet. Wie diese hat er trinitarische Eigenschaft bei der christlich beeinflußten und triadische bei der heidnischen Alchemie. Nach andern Zeugnissen entspricht er der Einheit der vier

Elemente und bildet damit eine Quaternität. Die überwiegende Mehrzahl der modernen psychologischen Befunde spricht zugunsten letzterer. Die wenigen Fälle meiner Beobachtung, welche die Dreizahl produzierten, waren charakterisiert durch einen systematischen Bewußtseinsausfall, nämlich durch ein Unbewußtsein der sog. minderwertigen Funktion. Die Dreizahl ist eben kein natürlicher Ganzheitsausdruck, indem die Vierzahl das Minimum der Bestimmungen eines Ganzheitsurteils darstellt. Es muß immerhin hervorgehoben werden, daß neben der deutlichen Neigung der Alchemie (wie auch des Unbewußten) zur Quaternität eine immer wieder betonte Unsicherheit zwischen drei und vier besteht. Schon im Axiom der MARIA PROPHETISSA ist die Quaternität verklausuliert und undeutlich. In der Alchemie gibt es vier sowohl als drei »regimina« (Verfahren), vier und drei Farben. Es gibt zwar immer vier Elemente; aber öfters sind drei zusammengefaßt, und eines hat eine Sonderstellung: bald ist es die Erde, bald das Feuer. Der »mercurius« ist zwar »quadratus«, aber auch eine tricephale Schlange oder eine Triunität schlechthin. Die Unsicherheit weist auf ein Sowohl-als-auch hin; d. h. die Zentralvorstellungen sind sowohl quaternarisch wie ternarisch. Der Psychologe kann nicht umhin, auf die Tatsache zu verweisen, daß auch die Psychologie des Unbewußten eine ähnliche Perplexität kennt: die am wenigsten differenzierte sog. »minderwertige« Funktion ist mit dem kollektiven Unbewußten dermaßen kontaminiert, daß sie beim Bewußtwerden neben andern auch den Archetypus des Selbst mit sich bringt, τὸ ἓν τέταρτον, wie MARIA sagt. Vier hat die Bedeutung des Weiblichen, Mütterlichen, Physischen, Drei die des Männlichen, Väterlichen, Geistigen. Die Unsicherheit zwischen Vier und Drei bedeutet also soviel wie ein Schwanken zwischen Geistig und Physisch: ein sprechendes Beispiel dafür, daß jede menschliche Wahrheit eine vorletzte ist.

*

Ich bin einleitend von der Totalität des Menschen ausgegangen als jenem Ziel, zu welchem die seelische Entwicklung im psychotherapeutischen Prozeß letzten Endes führt. Diese Frage hängt mit weltanschaulichen resp. religiösen Voraussetzungen unaufhörlich zusammen. Auch wenn der

Patient, wie das häufig der Fall ist, sich in dieser Hinsicht unpräjudiziert glaubt, so ist doch die Voraussetzung seines Denkens, seiner Lebensführung, seiner Moral und seiner Sprache historisch bis in die Einzelheiten hinein bedingt, was ihm zwar öfters teils aus Bildungsmangel, teils aus fehlender Selbstkritik unbewußt bleibt. Die Analyse seiner Situation führt daher früher oder später zu einer Durchleuchtung seiner allgemein geistigen Voraussetzungen weit über die persönlichen Determinanten hinaus, und damit wird jene Problematik aufgerollt, die ich auf den vorstehenden Seiten zu skizzieren versuchte. In diese Phase des Prozesses fällt die Produktion der Einheitssymbole, der sog. Mandalas, die entweder in Träumen oder in Form von bildhaften visuellen Eindrücken während des Wachzustandes auftreten, öfters als deutlichste Kompensation zur Gegensätzlichkeit und Konflikthaftigkeit der bewußten Situation. Es wäre wohl unrichtig, zu sagen, daß das Offenbleiben des »Risses« (PRZYWARA[1]) in der christlichen Weltordnung hierfür verantwortlich sei, indem es ein leichtes ist, nachzuweisen, wie die christliche Symbolik diese Wunde eben gerade heilt oder zu heilen sich bemüht. Es wäre wohl korrekter, das Offenbleiben des Konfliktes als ein Symptom der psychischen Situation des westlichen Menschen aufzufassen, und dessen Unvermögen, den ganzen Umfang des christlichen Symbols in sich aufzunehmen, zu beklagen. Als Arzt kann ich keine Forderungen in dieser Hinsicht an den Patienten stellen; auch fehlen mir die Gnadenmittel der Kirche. Ich bin infolgedessen mit der Aufgabe konfrontiert, den einzigen mir möglichen Weg zu beschreiten, nämlich den der Bewußtmachung der archetypischen Bilder, welche in einem gewissen Sinne den dogmatischen Vorstellungen entsprechen. Dabei muß ich es meinem Patienten überlassen, sich so zu entscheiden, wie es seinen Voraussetzungen, seiner geistigen Reife, seiner Bildung, seinem Herkommen und seinem Temperament, entspricht, sofern dies ohne ernstliche Konflikte möglich ist. Als Arzt ist es meine Aufgabe, dem Patienten zur Lebensfähigkeit zu verhelfen. Über seine letzten Entscheidungen kann ich mir darum kein Urteil anmaßen, weil ich aus Erfahrung weiß, daß jeder Zwang, sei es leise Suggestion oder Zureden oder sonstige Alterie-

1 Deus semper maior, I, S. 71 ff., Freiburg i. Br. 1938.

rungsmethoden, letzten Endes nichts bewirkt als eine Verhinderung des höchsten und entscheidenden Erlebnisses, nämlich des Alleinseins mit seinem Selbst, oder was für einen Namen man immer der Objektivität der Seele beilegen mag. Er muß schon allein sein, um zu erfahren, was ihn trägt, wenn *er* sich nicht mehr tragen kann. Einzig diese Erfahrung gibt ihm eine unzerstörbare Grundlage.

Diese wahrhaftig nicht leichte Aufgabe würde ich jederzeit mit Freuden dem Theologen überlassen, wenn nicht viele meiner Patienten gerade vom Theologen herkämen. Sie hätten in der kirchlichen Gemeinschaft hängen bleiben sollen, sind aber vom großen Baum wie ein welkes Blatt abgefallen und bleiben nun in der Behandlung hängen. Etwas in ihnen klammert sich an, oft mit der Kraft der Verzweiflung, wie wenn sie oder »es« ins Nichts stürzten, sollten sie sich nicht anhängen können. Sie suchen den festen Grund, auf dem sie zu stehen vermögen. Da ihnen kein äußerer Halt taugt, müssen sie ihn wohl schließlich in sich selber finden, was zugestandenermaßen eben gerade das Allerunwahrscheinlichste ist vom Standpunkt der Vernunft, aber das durchaus Mögliche vom Standpunkt des Unbewußten aus. Dies ersehen wir aus dem Archetypus der »niedern Herkunft des Erlösers«.

Der Weg zum Ziel ist zunächst chaotisch und unabsehbar, und nur ganz allmählich mehren sich die Anzeichen einer Zielgerichtetheit. Der Weg ist nicht geradlinig, sondern anscheinend zyklisch. Genauere Kenntnis hat ihn als *Spirale* erwiesen: die Traummotive kehren nach gewissen Intervallen immer wieder zu bestimmten Formen zurück, die ihrer Art nach ein Zentrum bezeichnen. Und zwar handelt es sich um einen Mittelpunkt oder um eine zentrierte Anordnung, die unter Umständen schon in den ersten Träumen auftritt. Die Träume als die Manifestationen unbewußter Vorgänge rotieren oder zirkumambulieren um die Mitte und nähern sich dieser mit immer deutlicheren und umfänglicheren Amplifikationen. Wegen der Mannigfaltigkeit des symbolischen Materials ist es zunächst schwierig, überhaupt eine Ordnung irgendwelcher Art zu erkennen. Es wird ja keineswegs vorausgesetzt, daß Traumserien irgendwelchem Ordnungsprinzip unterworfen seien. Bei näherem Zusehen erweist sich aber der Entwicklungsverlauf als zyklisch, resp. spiralig. Man könnte solche spiraligen Verläufe mit den Wachstumsvorgängen bei Pflanzen in Parallele setzen, wie ja auch das Pflanzenmotiv (Baum, Blume usw.) in solchen Träumen und Phantasien häufig wiederkehrt und auch spontan zeichnerisch dargestellt wird[1]. In der Alchemie ist der *Baum* das Symbol der hermetischen Philosophie.

Die erste Untersuchung im Buche »Psychologie und Alchemie« beschäftigt sich mit einer Traumserie, welche reichliche Symbole der Mitte bzw. des Zieles enthält. Die Entwicklung dieser Symbole ist sozusagen gleichbedeutend mit dem *Heilungsvorgang*. Das Zentrum resp. das Ziel hat also – im eigentlichen Sinne des Wortes – *Heilsbedeutung*. Die Berechtigung einer derartigen Terminologie ergibt sich aus den Träumen selber; denn diese enthalten so viele Beziehungen zum Thema der religiösen Phänomene, daß einige davon auch zum Gegenstand meiner Schrift »Psychologie und Religion« werden konnten[2]. Es scheint mir kein Zweifel daran möglich, daß es sich bei diesen Vorgängen um die religionsbildenden Archetypen handelt. Was immer die Religion sonst noch sein mag – ihr empirisch erfaßbarer, psychischer Anteil liegt unzweifelhaft in solchen Manifestationen des Unbewußten. Man hat sich allzulange bei der im Grunde unfruchtbaren Frage aufgehalten, ob die Behauptungen des religiösen Glaubens *wahr* seien oder nicht. Ganz abgesehen von dem Umstand, daß die Wahrheit einer metaphysischen Behauptung niemals bewiesen oder widerlegt werden kann, ist das Vorhandensein der Behauptung eine an sich evidente Tatsache, die keines weiteren Beweises bedarf, und wenn sich ein »consensus gentium« dazugesellt, so ist damit die Gültigkeit der Aussage eben in diesem Umfang erwiesen. Erfaßbar daran ist nur das psychische Phänomen, in bezug auf welches die Kategorie der objektiven Richtigkeit oder Wahrheit inkommensurabel ist. Durch rationale Beurteilung ist ein Phänomen nie erledigt, und im religiösen Leben handelt es sich um Erscheinungen und Tatsachen, und keineswegs um diskutable Hypothesen.

1 Siehe Illustrationen in Wilhelm und Jung: Das Geheimnis der Goldenen Blüte, 3. Aufl. 1944.
2 Rascher, Zürich 1940.

Die dialektische Auseinandersetzung im Prozeß der psychischen Behandlung führt konsequenterweise zur Konfrontation des Patienten mit seinem Schatten, jener dunkeln Hälfte der Seele, deren man sich je und je durch Projektion entledigt hat: entweder dadurch, daß man seinen Nachbarn in engerem oder weiterem Sinne mit all den Untugenden belastet, die man offenkundigerweise selber hat, oder daß man seine Sünden mittels »contritio« oder – sanfter – der »attritio«[1] einem göttlichen Mittler überläßt. Man weiß zwar, daß es ohne Sünde keine Bereuung und ohne Bereuung keine erlösende Gnade gibt, ja daß ohne »peccatum originale« der Welterlösungsakt niemals hätte in Szene gehen können. Aber man unterläßt es geflissentlich, zu untersuchen, ob nicht gerade in der Macht des Bösen ein besonderer Gotteswille liege, welchen wahrzunehmen man allen Grund hätte. Wenn man es, wie der Seelenarzt, mit Menschen zu tun hat, die ihrem schwärzesten Schatten gegenübergestellt sind, so fühlt man sich oft unmittelbar zu einer solchen Anschauung gedrängt[2]. Auf alle Fälle kann es sich der Arzt nicht leisten, mit einer ebenso billigen wie moralisch erhabenen Geste auf die Gesetzestafeln mit dem »Du sollst nicht« hinzuweisen. Er hat objektiv zu prüfen und Möglichkeiten abzuwägen; denn er weiß es, weniger aus religiöser Erziehung und Bildung als vielmehr von Natur und Erfahrung wegen, daß es etwas gibt wie eine *felix culpa.* Er weiß, daß man nicht nur sein Glück, sondern auch seine entscheidende Schuld versäumen kann, ohne welche ein Mensch seine Ganzheit nicht erreichen wird. Letztere ist nämlich ein Charisma, das man weder mit Kunst noch mit List verfertigen, in das man nur hinein-

1 Contritio ist »vollkommene« Reue. Attritio ist »unvollkommene« Reue (»contritio imperfecta«, zu welcher auch die »contritio naturalis« gehört). Erstere betrachtet die Sünde als Gegensatz zum höchsten Gut; letztere verwirft sie wegen ihrer Bosheit und Häßlichkeit und wegen der Furcht vor Strafe.

2 Es ist durchaus natürlich, daß man sich angesichts des tragischen Schicksals, welches die unvermeidliche Beigabe der Ganzheit ist, einer religiösen Terminologie – als der in solchem Fall einzig adäquaten – bedient. »Mein unvermeidliches Schicksal« bedeutet soviel als ein dämonischer Willen zu eben diesem Schicksal, ein Willen, der mit dem meinigen (dem Ich-Willen) nicht notwendigerweise koinzidiert. Wenn er aber dem Ich entgegengesetzt ist, so kann man nicht umhin, darin eine »Macht«, d. h. ein Göttliches oder Infernalisches, zu fühlen. Die Ergebenheit in das Schicksal wird es einen Gotteswillen nennen; der aussichtslose und verzehrende Kampf gegen die Bestimmung wird darin eher den Teufel sehen. Auf alle Fälle ist diese Terminologie allgemein verständlich und zudem sinnvoll.

wachsen und dessen Geschehen und Werden man nur erleiden kann. Es ist allerdings eine verzweifelte Sache, daß die Menschheit nicht einheitlich ist, sondern aus Individuen besteht, deren geistige Beschaffenheit sie auf einen Raum von mindestens 10000 Jahren verteilt. So gibt es schlechterdings keine Wahrheit, welche nicht für die einen Erlösung, für die andern aber Verführung und Gift bedeutet. Jeder Universalismus steckt in diesem furchtbaren Dilemma. Ich habe oben den jesuitischen Probabilismus erwähnt: er schildert wie nichts anderes die ungeheure Aufgabe der kirchlichen Katholizität. Auch Bestgesinnte haben sich darüber entsetzt; aber in der unmittelbaren Konfrontation mit der Wirklichkeit des Lebens ist schon manchem die Entrüstung oder das Lachen vergangen. Auch der Arzt muß ab- und erwägen, allerdings nicht zugunsten oder -ungunsten der Kirche, wohl aber zugunsten oder -ungunsten des Lebens und der Gesundheit. Auf dem Papier sieht der Moralkodex ja klar und sauber genug aus; aber das gleiche Dokument, geschrieben auf »fleischerne Tafeln des Herzens«, ist oft ein trauriger Fetzen gerade in den Seelen jener, welche den Mund am lautesten auftun. Wenn man schon überall verkündet: »Böses ist Böses, es kann keine Zögerung im Urteil geben«, so ist im individuellen Fall gerade das Böse das Allerproblematischste, welches gründlichste Erwägung erfordert. Vor allem verdient die Frage »*Wer* handelt?« die größte Aufmerksamkeit. Denn die Beantwortung dieser Frage entscheidet letztlich über den Wert des Tuns. Für die Sozietät allerdings ist zunächst das *Was* der Tat von größerer Wichtigkeit, weil unmittelbar einleuchtend. Auf lange Sicht hingegen wird sich auch das rechte Tun in der Hand des verkehrten Mannes zum Unheil auswirken. Wer Voraussicht hat, wird sich vom rechten Tun des Unrichtigen so wenig verblenden lassen wie vom unrichtigen Tun des Richtigen. Der Seelenarzt hat darum sein Augenmerk nicht auf das *Was*, sondern auf das *Wie* der Tat gerichtet, weil darin das ganze Wesen des Täters beschlossen ist. Das Böse will ebensosehr erwogen sein wie das Gute; denn Gut und Böse sind schließlich nichts als ideelle Verlängerungen und Abstraktionen des Handelns, welche beide zur hell-dunkeln Erscheinung des Lebens gehören. Es gibt ja schließlich kein Gutes, aus dem nicht

Übles, und kein Übel, aus dem nicht Gutes hervorgehen könnte.
Die Konfrontation mit der dunkeln Hälfte der Persönlichkeit, mit dem sog. Schatten, ergibt sich von selbst in jeder einigermaßen gründlichen Behandlung. Dieses Problem ist so wichtig wie das der Sünde in der Kirche. Der offene Konflikt ist unvermeidlich und peinlich. Ich bin schon oft gefragt worden: »Und was tun Sie damit?« Ich tue nichts; ich kann gar nichts tun, als mit einem gewissen Gottvertrauen abwarten, bis aus einem mit Geduld und Tapferkeit ertragenen Konflikt sich diejenige von mir nicht vorauszusehende Lösung ergibt, welche diesem Menschen beschieden ist. Ich bin allerdings dabei nicht passiv oder untätig, sondern helfe dem Patienten, alle jene Dinge zu verstehen, welche das Unbewußte während der Dauer des Konfliktes produziert. Man darf es mir glauben, daß dies keine Gewöhnlichkeiten sind. Es gehört vielmehr zum Bedeutendsten, das mir jemals unter die Augen gekommen ist. Auch der Patient ist nicht untätig; denn er muß das Richtige tun, und zwar nach Kräften, um den Andrang des Bösen in sich nicht übermächtig werden zu lassen. Er braucht die »Rechtfertigung durch die Werke«; denn die »Rechtfertigung durch den Glauben« allein ist ihm leerer Schall geblieben, wie so vielen andern auch. *»Glaube« kann Ersatz für mangelnde Erfahrung sein.* In diesen Fällen bedarf es darum des wirklichen Tuns. Christus hat sich des Sünders angenommen und ihn nicht verdammt. Die wahre Nachfolge Christi wird dasselbe tun, und da man dem andern nichts tun sollte, was man sich nicht selber täte, so wird man sich auch des Sünders annehmen, welcher man selber ist. Und sowenig man Christus anklagt, daß er mit dem Bösen fraternisiere, sowenig soll man sich den Vorwurf machen, daß die Liebe zum Sünder, der man selber ist, ein Freundschaftspakt mit dem Bösen sei. Durch Liebe bessert man, durch Haß verschlechtert man, auch sich selber. Die Gefährlichkeit dieser Auffassung fällt mit der Gefährlichkeit der Nachfolge Christi zusammen; der Gerechte aber wird sich nicht im Gespräch mit Zöllnern und Huren ertappen lassen. Ich muß schon betonen, daß die Psychologie weder das Christentum noch die »imitatio« Christi erfunden hat. Ich wünsche allen, daß die Kirche ihnen die Last

ihrer Sünden abnehme. Wem sie diesen Dienst aber nicht leisten kann, der muß sich in der Nachfolge Christi *sehr tief bücken*, um die Last seines Kreuzes auf sich zu nehmen. Die Antike konnte sich mit griechischer Urweisheit behelfen: Μηδὲν ἄγαν, τῷ καιρῷ πάντα πρόσεστι καλά. (Nichts übertreiben; am rechten Maß liegt alles Gute.) Aber welcher Abgrund trennt uns noch von der Vernunft! Abgesehen von der moralischen Schwierigkeit, besteht auch eine Gefahr, welche nicht unbeträchtlich ist und namentlich bei pathologisch disponierten Individuen zu Komplikationen führen kann: Es ist die Tatsache, daß die Inhalte des persönlichen Unbewußten (eben des Schattens) zunächst ununterscheidbar mit den archetypischen Inhalten des kollektiven Unbewußten zusammenhängen und bei der Bewußtwerdung des Schattens diese gleichsam mit heraufziehen. Dadurch kann eine unheimliche Wirkung auf das Bewußtsein entstehen; denn eine Belebung der Archetypen wird auch dem kältesten Rationalisten (und eben gerade diesem) unbehaglich. Er fürchtet nämlich die inferiore Form der Überzeugung, den Aberglauben, der sich ihm, wie er meint, aufdrängt. Bei solchen Leuten äußert sich der Aberglaube aber nur dann in seiner eigentlichsten Form, wenn sie pathologisch sind, nicht aber, wenn sie Haltung bewahren können. In letzterem Fall erscheint er dann z. B. in der Gestalt der Furcht vor dem »Verrücktwerden«. Denn alles, was ein modernes Bewußtsein nicht definieren kann, gilt als Geisteskrankheit. Es ist allerdings zuzugeben, daß die archetypischen Inhalte des kollektiven Unbewußten in Träumen und Phantasien oft eine grotesk-grauenhafte Gestalt annehmen. Und gegen zutiefst empfundene Angstträume oder gegen obsedierende Angstvorstellungen ist auch das rationalste Bewußtsein nicht gefeit. Die psychologische Erläuterung dieser Gebilde, die sich nicht mit Nichtwissen und Schweigen übergehen lassen, führt logischerweise in die Tiefen religionsgeschichtlicher Phänomenologie. Denn die Religionsgeschichte im weitesten Sinne dieses Begriffes (also inkl. Mythologie, Folklore und primitive Psychologie) stellt das Schatzhaus archetypischer Gestaltungen dar, daraus der Arzt hilfreiche Parallelen und erläuternde Vergleiche ziehen kann, bestimmt zur Beruhigung und Aufklärung des in seiner Orientierung schwer gestörten Bewußtseins. Es ist eben unbedingt nötig, den auftauchenden Phantasiebildern, die dem Bewußtsein fremdartig, ja sogar bedrohlich gegenüberstehen, sozusagen einen Kontext zu geben, um sie dem Begreifen näherzubringen. Dies geschieht, wie die Erfahrung zeigt, am besten durch das mythologische Vergleichsmaterial.

Unsere erste Abhandlung gibt eine große Anzahl solcher Beispiele. Dem Leser wird insbesondere die Tatsache auffallen, daß reichliche Beziehungen zwischen der individuellen Traumsymbolik und der mittelalterlichen Alchemie bestehen. Dies ist nicht etwa eine Prärogative des behandelten Falles, sondern eine allgemeine Tatsache, die mir nur darum erst vor zehn Jahren aufgefallen ist, weil ich erst damals begann, mich in das Denken und die Symbolik der Alchemie ernstlich einzuarbeiten.

Die zweite Untersuchung im Buche »Psychologie und Alchemie« enthält eine Einführung in die *Symbolik der Alchemie* in ihrer Beziehung zum Christentum und zum Gnostizismus. Als bloße Einführung ist sie natürlich von einer vollständigen Darstellung dieses komplizierten und dunkeln Gebietes weit entfernt – beschäftigt sie sich doch in der Hauptsache nur mit der Christus-Lapis-Parallele. Diese Parallele allerdings gibt Anlaß zu einer Vergleichung der Zielvorstellungen des »opus alchymicum« mit christlichen Zentralvorstellungen; denn beide haben größte Bedeutung für die Auffassung und Interpretation der in den Träumen erscheinenden Bilder und für deren psychologische Wirkung. Letzteres ist für die Praxis der Psychotherapie von Wichtigkeit, indem nicht selten gerade intelligentere und gebildete Patienten, denen der Rückweg in die Kirche unmöglich ist, mit archetypischen Materialien in Berührung kommen und dadurch dem Arzt Probleme aufgeben, die mit einer bloß personalistisch orientierten Psychologie nicht mehr zu bewältigen sind. Auch genügt die bloße Kenntnis der psychischen Neurosenstruktur keineswegs; denn sobald der Prozeß die Sphäre des kollektiven Unbewußten erreicht, hat man es mit *gesundem Material*, nämlich mit den universalen Fundamenten der individuell variierten Psyche, zu tun. Zum Verständnis dieser tiefern Schichten der Psyche hilft uns einerseits die Kenntnis der primitiven Psychologie und der Mythologie, anderseits aber, und dies in ganz besonderm Maße, das Wissen um die unmittelbaren geschichtlichen Vorstufen des modernen Bewußtseins. Auf der einen Seite ist es der Geist der Kirche, welcher das heutige Bewußtsein hervorgebracht hat, auf der andern Seite aber die Wissenschaft, in deren Anfängen sich vieles verborgen hat, das in der Kirche keine Aufnahme zu finden vermochte. Es sind namentlich Reste des antiken Geistes und des antiken Naturgefühls, die nicht auszurotten waren und schließlich in der mittelalterlichen Naturphilosophie ein Asyl fanden. Als »spiritus metallorum« und als astrologische Schicksalskomponenten überdauerten die alten Planetengötter viele christliche Jahrhunderte[1]. Während in der Kirche die zunehmende Differenzierung von Ritus und Dogma das Bewußtsein von seinen naturhaften Wurzeln im Unbewußten entfernte, waren Alchemie und Astrologie unablässig damit beschäftigt, die Brücke hinüber zur Natur, d. h. zur unbewußten Seele, nicht in Verfall geraten zu lassen. Die Astrologie führte das Bewußtsein immer wieder zurück zur Erkenntnis der *Heimarmene*, d. h. der Abhängigkeit des Charakters und des Schicksals von bestimmten zeitlichen Momenten, und die Alchemie gab immer wieder Anlaß zur Projektion jener Archetypen, welche sich in den christlichen Prozeß nicht reibungslos einfügen konnten. Zwar bewegte sich die Alchemie einerseits andauernd auf der Grenze der Häresie und war von der Kirche verboten; aber anderseits erfreute sie sich des wirksamen Schutzes der Dunkelheit ihrer Symbolik, die jederzeit auch als harmlose Allegorik erklärt werden konnte. Der allegorische Aspekt stand für viele Alchemisten unzweifelhaft dermaßen im Vordergrund, daß sie felsenfest davon überzeugt waren, es nur mit chemischen Körpern zu tun zu haben. Aber es gab immer wieder einzelne, denen es bei der Laboratoriumsarbeit um das *Symbol* und dessen psychische Wirkung zu tun war. Wie die Texte ausweisen, waren sie sich letzterer bewußt, und zwar in solchem Maße, daß sie die naiven Goldmacher als Lügner, Betrüger und Irregeleitete verpönten. Ihren Standpunkt verkündeten sie durch Sätze wie »aurum nostrum non est

1 Noch Paracelsus spricht von den »Göttern« im Mysterium magnum. Phil. ad Athen. (Sudhoff, XIII, S. 403); ebenso die Schrift des Abraham Eleazar, die von Paracelsus beeinflußt ist (18. Jahrh.).

aurum vulgi«. Ihre Beschäftigung mit dem Stoff war zwar eine seriöse Bemühung, in das Wesen der chemischen Wandlungen einzudringen; zugleich aber war sie auch – und dies in oft überwiegendem Maße – die Abbildung eines parallel laufenden *psychischen* Prozesses, der um so leichter in die unbekannte Chemie des Stoffes projiziert werden konnte, als jener Prozeß ein unbewußter Naturvorgang ist, genau wie die geheimnisvolle Veränderung des Stoffes. Die oben geschilderte Problematik des Werdeprozesses der Persönlichkeit, des sog. Individuationsprozesses, ist es, die sich in der alchemistischen Symbolik ausdrückt.
Während das große Anliegen der Kirche die »imitatio Christi« ist, verfällt der Alchemist, ohne es deutlich zu wissen oder gar zu wollen, in der Einsamkeit und der dunkeln Problematik seines Werkes den von Natur gegebenen, unbewußten Voraussetzungen seines Geistes und Wesens, da er sich ja nirgends an deutliche und unmißverständliche Vorbilder, wie der Christ, anlehnen kann. Die Autoren, die er studiert, versorgen ihn mit Symbolen, deren Sinn er in seiner Art zu verstehen meint, die aber in Wirklichkeit sein Unbewußtes berühren und anregen. Die Alchemisten haben, sich selber ironisierend, das Wort »obscurum per obscurius« geprägt. Mit dieser Methode lieferten sie sich eben gerade jenem Prozeß aus, von welchem die Kirche sie zu erlösen strebte, indem sie ihnen in ihren dogmatischen Vorstellungen Analogien eben dieses Prozesses anbot, die aber im striktesten Gegensatz zur Alchemie vom Naturzusammenhang getrennt worden waren durch die Verbindung mit der historischen Gestalt des Erlösers. Jene Einheit der Vier, jenes philosophische Gold, jener »lapis angularis«, jene »aqua divina« waren in der Kirche das vierarmige Kreuz, an dem der Unigenitus sich einmal historisch und zugleich in aller Ewigkeit geopfert hatte. In unkirchlicher Weise zogen die Alchemisten das Suchen mit der Erkenntnis dem Gefundenhaben durch den Glauben vor, obschon sie als mittelalterliche Menschen sich gar nicht anders vorkamen denn als gute Christen. PARACELSUS ist in dieser Hinsicht ein Schulbeispiel. Es ging ihnen aber in Wirklichkeit so, wie es dem Modernen geht, der die individuelle Urerfahrung dem Glauben an das überlieferte Vorstellungsbild vorzieht oder notgedrungenerweise vorziehen muß.

Das Dogma ist keine nur willkürliche Erfindung oder ein einmaliges Wunder, als welches es zu dem einleuchtenden Zwecke der Hinaushebung aus dem Naturzusammenhang geschildert wird. Die christlichen Zentralvorstellungen wurzeln in jener gnostischen Philosophie, die sich nach psychologischen Gesetzen in jener Zeit, wo die klassischen Religionen obsolet wurden, entwickeln *mußte*. Sie basiert auf der Wahrnehmung der Symbole des unbewußten Individuationsprozesses, der immer dann einsetzt, wenn die das menschliche Leben beherrschenden kollektiven Obervorstellungen in Zerfall geraten. In einer solchen Zeit gibt es notwendigerweise eine ganze Anzahl von Individuen, die in höherem Maße von den numinosen Archetypen *ergriffen* sind, welche sich, um neue Dominanten zu bilden, an die Oberfläche drängen. Die Ergriffenheit zeigt sich sozusagen ausnahmslos in der Tatsache, daß die Ergriffenen sich mit ihren Inhalten identifizieren und, die ihnen aufgedrängte Rolle nicht als Wirkung der neuen, noch zu erkennenden Inhalte verstehend, dieselben durch ihr Leben vorbildlich darstellen, wodurch sie zu Propheten und Reformatoren werden. Insofern der archetypische Gehalt des christlichen Dramas das beunruhigte und drängende Unbewußte der vielen befriedigend auszudrücken vermochte, erhob es der »consensus omnium« zur allgemeinverbindlichen Wahrheit, allerdings nicht durch einen Urteilsakt, sondern durch die weit wirksamere irrationale *Ergriffenheit*. Damit wurde Jesus zum *Schutzbild* gegen jene archetypischen Mächte, die jeden zu ergreifen drohten. Die frohe Botschaft verkündete: Es ist geschehen, es wird euch nicht mehr geschehen, sofern ihr an Jesum, den Sohn Gottes, glaubt! Es konnte aber und es kann und wird jedem geschehen können, sofern ihm die christliche Dominante zerfällt. Darum hat es immer Menschen gegeben, die unter der Decke und auf Nebenwegen, zu ihrem Verderben oder zu ihrem Heil, sich mit der Dominante des Bewußtseinslebens nicht begnügten, sondern nach jener Urerfahrung der ewigen Wurzeln suchten und, der Faszination des beunruhigten Unbewußten folgend, sich nach jener Wüste aufmachten, wo sie, wie Jesus, mit dem Sohne der Finsternis, dem ἀντίμιμον πνεῦμα zusammenstießen. So bittet ein Alchemist (und er ist ein Kleriker!): »Horridas nostrae mentis purga tenebras.

accende lumen sensibus!« Daraus spricht wohl die Erfahrung der »nigredo«, der ersten Stufe des Werkes, welche als »Melancholia« empfunden wurde und psychologisch dem Zusammentreffen mit dem Schatten entspricht.
Wenn daher die moderne Psychotherapie wieder auf die belebten Archetypen des kollektiven Unbewußten stößt, so wiederholt sich damit jenes Phänomen, das man in großen religiösen Zeitwenden schon öfter beobachten konnte, das aber auch bei einem Individuum eintritt, welchem die herrschenden Obervorstellungen nichts mehr bedeuten. Ein solches Beispiel ist der im »Faust« dargestellte »descensus ad inferos«, welcher, bewußt oder unbewußt, ein »opus alchymicum« bedeutet.
Die durch den Schatten hervorgerufene Gegensatzproblematik spielt in der Alchemie eine große und entscheidende Rolle – führt sie doch schließlich im Verlaufe des Werkes zur Vereinigung der Gegensätze in der archetypischen Form des Hierosgamos, nämlich der »chymischen Hochzeit«. In dieser werden die supremen Gegensätze in der Gestalt des Männlichen und des Weiblichen (wie im chinesischen Yang und Yin) zu einer Einheit verschmolzen, welche keine Gegensätze mehr enthält und damit inkorruptibel ist. Die Voraussetzung dazu ist allerdings, daß sich der »Artifex« nicht mit den Gestalten des »opus« identifiziert, sondern sie in ihrer objektiv unpersönlichen Form verharren läßt. Solange sich die Alchemie im Laboratorium mit dem Werk abmühte, befand sie sich in einem seelisch günstigen Zustande. Denn solange dies der Fall war, hatte der Alchemist schon gar keine Gelegenheit, sich mit den auftauchenden Archetypen zu identifizieren, da letztere alle in den chemischen Stoff projiziert waren. Der Nachteil dieser Situation war allerdings der, daß der Alchemist gebunden war, die inkorruptible Substanz als chemischen Körper darzustellen, was ein unmögliches Unterfangen war, an dem die Laboratoriumsalchemie schließlich auch zugrunde ging und durch die Chemie abgelöst wurde. Der seelische Teil des Werkes verschwand aber nicht, sondern er erzwang sich neue Interpreten, wie wir am Beispiel des »Faust« und an der bedeutungsvollen Beziehung der modernen Psychologie des Unbewußten zur alchemistischen Symbolik sehen.

III

ZUR PHÄNOMENOLOGIE DES GEISTES IM MÄRCHEN

Vorwort

Es gehört zu den unverbrüchlichen Spielregeln der Naturwissenschaft, ihren Gegenstand immer nur insofern als bekannt vorauszusetzen, als die Forschung wissenschaftlich Gültiges über ihn auszusagen weiß. In diesem Sinne gültig aber ist nur, was durch Tatsachen bewiesen werden kann. Der Gegenstand der Forschung ist die natürliche Erscheinung. In der Psychologie gehört zu den wichtigsten Phänomenen die *Aussage*, und insbesondere deren formale und inhaltliche Erscheinungsweise, wobei letzterem Aspekt in Ansehung des Wesens der Psyche wohl die größere Bedeutung zukommt. Die Aufgabe, die sich jeweils zuerst stellt, ist die Beschreibung und Ordnung der Vorkommnisse, sodann folgt die genauere Untersuchung auf die Gesetzmäßigkeit ihres lebendigen Verhaltens. Die Frage nach der Substanz des Beobachteten ist in der Naturwissenschaft nur dort möglich, wo sich ein archimedischer Punkt außerhalb findet. Für die Psyche fehlt ein solcher Standpunkt außerhalb, weil ja nur die Psyche die Psyche beobachten kann. Infolgedessen ist die Erkenntnis der psychischen Substanz unmöglich, wenigstens für unsere jetzigen Mittel. Damit ist keineswegs ausgeschlossen, daß die Atomphysik der Zukunft uns nicht doch noch den archimedischen Punkt liefern kann. Vorderhand wird aber auch unsere feinste Erklügelung nicht mehr feststellen können, als was sich im Satz ausdrücken läßt: *so verhält sich die Psyche*. Von der Frage nach der Substanz aber wird der ehrliche Forscher höflich oder ehrfurchtsvoll die Finger lassen. Ich glaube, daß es nicht überflüssig ist, meinen Leser um die ebenso notwendige wie freiwillige Selbstbeschränkung der Psychologie wissen zu lassen, damit er nämlich in der Lage ist, den durchaus nicht immer begriffenen phänomenologischen Standpunkt der modernen Psychologie zu verstehen. Dieser Standpunkt schließt das Vorhandensein von Glauben, Überzeugung und Gewißheitserlebnissen aller nur möglichen Arten nicht aus, noch bestreitet er deren mögliche Gültigkeit. So groß deren Bedeutung für das individuelle sowohl wie für das kollektive Leben sein mag, so fehlen der Psychologie doch alle Mittel, um deren Gültigkeit in wissenschaftlichem Sinne zu erweisen. Man kann dieses Unvermögen der Wissenschaft beklagen; man befähigt sie aber damit nicht, sich über den eigenen Kopf zu springen.

1. Über das Wort »Geist«

Das deutsche Wort »Geist« besitzt einen dermaßen großen Anwendungsbereich, daß es eine gewisse Mühe verursacht, sich zu vergegenwärtigen, was alles damit gemeint ist. Als *Geist* bezeichnet man jenes Prinzip, das im Gegensatz zur *Materie* steht. Darunter denkt man sich eine immaterielle Substanz oder Existenz, die auf höchster und universalster Stufe »Gott« genannt wird. Man stellt sich diese immaterielle Substanz auch als Träger des psychischen Phänomens oder gar des Lebens vor. Im Widerspruch zu dieser Auffassung steht der Gegensatz *Geist – Natur*. Hier ist der Begriff des Geistes auf das Über- oder Gegennatürliche eingeschränkt und hat die substantielle Beziehung zu Seele und Leben verloren. Eine ähnliche Einschränkung bedeutet die Auffassung Spinozas, daß der Geist ein *Attribut* der Einen Substanz sei. Noch weiter geht der *Hylozoismus*, der den Geist als Eigenschaft des Stoffes versteht.
Eine allgemein verbreitete Anschauung faßt den Geist als ein höheres, die Seele aber als ein niedrigeres Tätigkeitsprinzip auf, und umgekehrt gilt bei gewissen Alchemisten der Geist als ligamentum animae et corporis, wobei letzterer offenbar als spiritus vegetativus (der spätere Lebens- oder Nervengeist) gedacht ist. Ebenso allgemein ist die Auffassung, daß Geist und Seele wesentlich dasselbe und deshalb nur willkürlich zu trennen seien. Bei Wundt gilt Geist als »das innere Sein, wenn dabei keinerlei Zusammenhang mit einem äußeren Sein in Rücksicht fällt«. Bei andern wird der Geist auf gewisse psychische Vermögen oder Funktionen oder Eigenschaften beschränkt, wie Denkfähigkeit und Vernunft gegenüber dem mehr »seelischen« *Gemüte*. Bei diesen bedeutet der Geist die Gesamtheit der

Phänomene des rationalen Denkens, resp. des Intellektes, inkl. Wille, Gedächtnis, Phantasie, Gestaltungskraft und durch ideale Motive bedingte Strebungen. Eine weitere Bedeutung von Geist ist die von »Geistreichsein«, worunter ein vielfältiges, reichhaltiges, einfallsreiches, brillantes, witziges und überraschendes Funktionieren des Verstandes gemeint ist. Ferner wird als Geist eine gewisse *Einstellung* oder deren Prinzip bezeichnet, z. B. man erzieht »im Geiste Pestalozzis«, oder »der Geist von Weimar ist das unvergängliche deutsche Erbe«. Ein Spezialfall ist der *Zeitgeist*, welcher das Prinzip und Motiv gewisser Auffassungen, Urteile und Handlungen kollektiver Natur darstellt. Es gibt des weiteren einen sogenannten *objektiven Geist*, unter welchem man den gesamten Bestand menschlicher Kulturschöpfungen insbesondere intellektueller und religiöser Natur versteht.

Der Geist, als Einstellung verstanden, hat, wie der Sprachgebrauch zeigt, unverkennbare Neigungen zur Personifikation: Der Geist Pestalozzis kann auch in konkretistischem Sinne dessen Geist, d. h. dessen imago oder Gespenst sein, so wie die Geister von Weimar die persönlichen Geister von Goethe und Schiller sein können, denn Geist heißt immer auch noch der Spuk, d. h. die Seele eines Verstorbenen. Der »kühle Geisterhauch« weist einerseits auf die Urverwandtschaft der ψυχή mit ψυχρός und ψῦχος, die beide kalt bedeuten, andererseits auf die ursprüngliche Bedeutung von πνεῦμα, welches nichts anderes als »bewegte Luft« bezeichnet, wie auch animus und anima mit ἄνεμος (Wind) zu tun haben. Das deutsche Wort »Geist« hat wohl mehr mit Aufschäumendem und Aufbrausendem zu tun, weshalb einerseits eine Verwandtschaft mit *Gischt, Gäscht, gheest*, andererseits mit dem emotionalen *aghast* nicht von der Hand zu weisen ist. Die Emotion wird ja seit Urzeiten als Besessenheit aufgefaßt, und darum sagt man heute noch von einem Jähzornigen z. B., er sei vom Teufel oder einem bösen Geist besessen oder geritten oder ein solcher sei in ihn gefahren[1].

Wie die Totengeister und -seelen nach alter Anschauung von feinstofflicher Beschaffenheit gleich einem Lufthauch

1 Dazu meine Ausführungen in »Geist und Leben« in: Seelenprobleme der Gegenwart. 1931, p. 369 ff.

oder einem Rauch sind, bedeutet auch bei den Alchemisten der spiritus eine subtile, volatile, aktive und belebende Essenz, als welche z. B. der Alkohol verstanden wurde, sowie sämtliche Arkansubstanzen. Geist auf dieser Stufe ist Weingeist, Salmiakgeist, Ameisengeist usw.

Dieses Viertelhundert von Bedeutungen und Bedeutungsnuancen des Wortes »Geist« erschwert einerseits dem Psychologen die begriffliche Abgrenzung seines Gegenstandes, andererseits erleichtert es ihm die Aufgabe, seinen Gegenstand zu beschreiben, da die vielen verschiedenen Aspekte ein anschauliches Bild des Phänomens vermitteln. Es handelt sich um einen funktionalen Komplex, der ursprünglich, auf primitiver Stufe, als eine unsichtbare, hauchartige Gegenwart – a presence – empfunden wurde. William James hat in seinen »Varieties of Religious Experience« dieses Urphänomen anschaulich geschildert. Ein allbekanntes Beispiel ist auch der Wind des Pfingstwunders. Für die primitive Erfahrung liegt die Personifikation der unsichtbaren Präsenz als Spuk oder Dämon unmittelbar nahe. Die Seelen oder Geister der Verstorbenen sind dasselbe wie die psychische Tätigkeit des Lebenden; sie setzen dieselbe fort. Die Auffassung, daß die Psyche ein Geist sei, ist damit ohne weiteres gegeben. Wenn daher im Individuum sich etwas Psychisches ereignet, das es als zu ihm selber gehörig empfindet, so ist das sein eigener Geist. Geschieht ihm aber etwas Psychisches, das ihm fremdartig erscheint, so ist das ein anderer Geist, der vielleicht eine Besessenheit veranlaßt. Der Geist im ersteren Falle entspricht der subjektiven Einstellung, im letzteren der öffentlichen Meinung, dem *Zeitgeist* oder der ursprünglichen, noch nicht menschlichen, anthropoiden Disposition, die man auch als das *Unbewußte* bezeichnet.

Entsprechend der ursprünglichen Windnatur des Geistes ist letzterer stets das aktive, beflügelte und bewegte sowohl wie das belebende, anregende, aufreizende, anfeuernde, inspirierende Wesen. Der Geist ist, modern ausgedrückt, das *Dynamische*, und darum formiert er den klassischen Gegensatz zum Stoff, nämlich zu dessen Statik, Trägheit und Unbelebtheit. Es ist in letzter Linie der Gegensatz zwischen Leben und Tod. Die spätere Differenzierung dieses Gegensatzes führt zu der eigentlich merkwürdigen Ge-

genüberstellung von Geist und Natur. Indem der Geist das essentiell Belebte und Belebende ist, kann man die Natur doch nicht als ungeistig oder tot empfinden. Es muß sich also um die (christliche) Voraussetzung eines Geistes handeln, dessen Leben demjenigen der Natur so sehr überlegen ist, daß letztere sich zu ihm wie Tod verhält.
Diese spezielle Entwicklung der Anschauung vom Geiste beruht auf der Erkenntnis, daß die unsichtbare Präsenz des Geistes ein psychisches Phänomen, d. h. der *eigene Geist* sei, und daß dieser nicht nur aus Lebensaufwallungen, sondern auch aus inhaltlichen Gebilden bestehe. Unter ersteren treten besonders hervor jene Abbilder und Vorbilder, welche das innere Gesichtsfeld erfüllen, und unter letzteren ist es Denken und Vernunft, welche die Bilderwelt ordnen. So hat sich ein *Übergeist* dem ursprünglichen, natürlichen Lebensgeist superponiert und sich zu letzterem sogar als zu etwas bloß Natürlichem in Gegensatz gestellt. Der Übergeist wurde zum übernatürlichen und überweltlichen, kosmischen Ordnungsprinzip, und als solchem wurde ihm die Bezeichnung »Gott« gegeben, oder er wurde wenigstens zu einem Attribut der Einen Substanz (wie bei SPINOZA) oder zu einer Person der Gottheit (wie im Christentum).
Die entsprechende Entwicklung des Geistes in umgekehrter, hylozoistischer Richtung, also a maiori ad minus, fand unter antichristlichem Vorzeichen im Materialismus statt. Voraussetzung zu dieser Rückbildung ist die bis zur ausschließlichen Gewißheit gelangte Identität des Geistes mit psychischen Funktionen, deren Abhängigkeit von Gehirn und Stoffwechsel immer deutlicher wurde. Man mußte der »Einen Substanz« nur noch einen andern Namen geben und sie »Materie« benennen, um den Begriff eines Geistes zu erzeugen, welcher von der Ernährung und der Umwelt unbedingt abhing, und dessen Höchstform der Intellekt, resp. der Verstand war. Damit war die ursprünglich hauchartige Präsenz anscheinend ganz in den Bereich der menschlichen Physiologie geraten, und ein KLAGES konnte seine Anklage gegen den »Geist als Widersacher der Seele« vorbringen. In letzteren Begriff nämlich hatte sich die Urspontaneität des Geistes zurückgezogen, nachdem dieser zum unfreien Attribut des Stoffes herabgesunken war. Irgendwo mußte ja die dem Geiste eigentümliche Qualität des deus ex ma-

china erhalten bleiben – wenn nicht bei ihm, so doch bei seinem ursprünglichen Synonym, der *Seele*, dem buntschillernden[1], schmetterlingsartigen Hauchwesen (anima, ψυχή). Wenn schon nicht überall die materialistische Auffassung des Geistes durchdrang, so blieb doch dessen Begriff außerhalb der religiösen Sphäre, im Raume der Bewußtseinsphänomene hängen. Geist als »subjektiver Geist« wurde zur Bezeichnung des endopsychischen Phänomens schlechthin, während »objektiver Geist« nicht etwa den Universalgeist oder die Gottheit bedeutete, sondern die Gesamtheit intellektueller Kulturgüter, welche unsere menschlichen Institutionen und den Inhalt unserer Bibliotheken ausmachen. Der Geist hat seine urtümliche Wesenheit, seine Autonomie und Spontaneität in weitestem Umfange eingebüßt, mit der einzigen Ausnahme des religiösen Gebietes, allwo ihm sein Urcharakter wenigstens im Prinzip erhalten blieb.
In diesem Résumé ist eine Wesenheit beschrieben, die sich als unmittelbar psychisches Phänomen präsentiert, im Gegensatz zu andern Psychismen, deren Existenz für die naive Anschauung kausal auf physischen Einwirkungen beruht. Eine Beziehung des Geistwesens zu physischen Bedingungen ist nicht ohne weiteres ersichtlich, weshalb dem geistigen Phänomen Immaterialität zugeschrieben wird, und zwar in noch höherem Maße, als dies bei der im engern Sinne *seelischen* Erscheinung der Fall ist. Letzterer wird nicht nur eine gewisse Abhängigkeit von der Physis, sondern selbst eine gewisse Stofflichkeit zugedacht, wie dies die Idee des subtle body und die chinesische Anschauung von der gui-Seele zeigen. Bei der innigen Verbindung gewisser noch psychischer Vorgänge mit physischen Parallelerscheinungen läßt sich eine totale Unstofflichkeit des Seelischen nicht wohl denken. Im Gegensatz dazu insistiert der consensus omnium auf der Immaterialität des Geistes, wobei ihm allerdings nicht alle auch eine eigene Substantialität zubilligen. Es ist aber nicht leicht einzusehen, warum die hypothetische Materie, die heute schon ganz anders aussieht als noch vor dreißig Jahren, allein real sein soll, der Geist

1 Seele, urgerm. saiwalô, ist vielleicht mit *αιολοσ* (buntschillernd, bewegt, veränderlich) verwandt. Dieses hat auch die Bedeutung von listig und täuschend, womit die alchemistische Definition der anima als Mercurius eine gewisse Wahrscheinlichkeit erhielte.

aber nicht. Obschon der Begriff der Immaterialität an sich den der Realität keineswegs ausschließt, so verbindet die laienhafte Anschauung doch stets Wirklichkeit mit Stofflichkeit. Geist und Materie sind wohl Formen eines an sich transzendentalen Seins. So sagen die Tantristen z. B. mit ebenso großem Recht, daß der Stoff nichts anderes sei als die Bestimmtheit der Gedanken Gottes. Die einzige unmittelbare Wirklichkeit ist die psychische der Bewußtseinsinhalte, die als geistiger oder materieller Herkunft gewissermaßen etikettiert sind.

Dem geistigen Wesen eignet erstens ein spontanes Bewegungs- und Tätigkeitsprinzip, zweitens die Eigenschaft der freien Bilderzeugung jenseits der Sinneswahrnehmung, und drittens die autonome und souveräne Manipulation der Bilder. Dieses Wesen steht dem primitiven Menschen *gegenüber*, gerät aber mit zunehmender Entwicklung in den Bereich des menschlichen Bewußtseins und wird zu einer Funktion, welche ersterem unterstellt ist, womit sein ursprünglicher Charakter der Autonomie anscheinend verloren geht. Letzterer wird nur noch von den konservativsten Anschauungen, nämlich von den Religionen, festgehalten. Der Herabstieg des Geistes in die Sphäre des menschlichen Bewußtseins drückt sich aus im Mythus vom göttlichen νοῦς, der in die Gefangenschaft der φύσις gerät. Dieser Prozeß, der sich über die Jahrtausende erstreckt, ist wohl unabwendbare Notwendigkeit, welcher gegenüber die Religionen sich auf verlorenem Posten befänden, wollten sie an den Versuch glauben, die Entwicklung aufhalten zu können. Es ist aber gar nicht deren Aufgabe, wenn sie wohlberaten sind, den unvermeidlichen Gang der Dinge zu hindern, sondern im Gegenteil diesen so zu gestalten, daß er ohne fatale Schädigungen der Seele verlaufen kann. Die Religionen sollen daher immer wieder an den Ursprung und den ursprünglichen Charakter des Geistes erinnern, damit der Mensch nie vergesse, was er in seine Sphäre hineinzieht und womit er sein Bewußtsein erfüllt. Er hat den Geist ja nicht selber erschaffen, sondern dieser macht, daß er erschafft; er gibt ihm den Antrieb und den glücklichen Einfall, die Ausdauer, die *Begeisterung* und die *Inspiration*. Aber er dringt so ins menschliche Wesen ein, daß der Mensch in schwerster Versuchung steht, zu glauben, daß er selber der Erschaffer des Geistes sei und daß er ihn *habe*. In Wirklichkeit aber nimmt das Urphänomen des Geistes den Menschen in Besitz, und zwar genau so, wie die physische Welt zwar anscheinend das willfährige Objekt menschlicher Absichten ist, in Wirklichkeit aber die Freiheit des Menschen in tausend Bande schlägt und zur obsedierenden idée-force wird. Der Geist bedroht den naiven Menschen mit *Inflation*, wofür unsere Zeit wohl die lehrreichsten Beispiele geliefert hat. Die Gefahr wird um so größer, je mehr das äußere Objekt das Interesse fesselt, und je mehr man vergißt, daß mit der Differenzierung unserer Beziehungen zur Natur eine solche der Beziehung zum Geiste Hand in Hand gehen sollte, um das nötige Gleichgewicht zu schaffen. Steht dem äußeren Objekt nicht das innere gegenüber, so entsteht ein hemmungsloser Materialismus, gekoppelt mit wahnhafter Selbstüberhebung oder mit einer Auslöschung der autonomen Persönlichkeit, was sowieso das Ideal des totalitären Massenstaates ist.

Wie man bemerkt, stimmt der allgemeine moderne Begriff des Geistes schlecht zur christlichen Anschauung, insofern diese den Geist als summum bonum, als Gott selber, auffaßt. Allerdings besteht auch der Begriff eines bösen Geistes. Aber auch damit läßt sich der moderne Geistbegriff nicht zur Deckung bringen, indem letzterer nicht notwendigerweise böse ist; vielmehr muß er moralisch indifferent oder neutral genannt werden. Wenn die Schrift sagt: »Gott ist Geist«, so klingt es wie die Definition einer Substanz oder wie eine Qualifizierung. Dem Teufel aber kommt allem Anschein nach die gleiche Eigentümlichkeit einer geistigen Substanz zu, obschon einer bösen und verderbten. Die ursprüngliche Identität der Substanz drückt sich noch im Gedanken des Engelsturzes aus, sowohl wie in der nahen Beziehung von Jahwe und Satan im Alten Testament[1]. Eine Nachwirkung dieser primitiven Beziehung dürfte wohl auch die Bitte des Vaterunsers sein: »Führe uns nicht in Versuchung«, wo dies doch das eigentliche Geschäft des *Versuchers*, des Teufels selber, ist. Damit kommen wir nun zu einer Frage, die wir im bisherigen Verlauf unserer Betrachtung noch gar nicht aufgeworfen haben. Wir haben ja erst

1 Siehe R. Schärf: »Die Gestalt des Satans im Alten Testament« in: Symbolik des Geistes, 2. Auflage, Zürich 1953.

die kulturgeschichtlichen und landläufigen Auffassungen, welche aus dem menschlichen Bewußtsein und dessen Überlegungen hervorgegangen sind, herangezogen, um uns ein Bild von der psychischen Erscheinungsweise des Faktors »Geist« zu machen. Wir haben aber nicht berücksichtigt, daß der Geist kraft seiner ursprünglichen, auch psychologisch nicht zu bezweifelnden Autonomie[1] durchaus in der Lage ist, *sich selbst zu offenbaren.*

2. Die Selbstdarstellung des Geistes in den Träumen

Die psychische Erscheinung des Geistes weist ohne weiteres darauf hin, daß sie *archetypischer* Natur ist, d. h. das Phänomen, das man Geist nennt, beruht auf der Existenz eines autonomen Urbildes, das vorbewußt in der Anlage der menschlichen Psyche universell vorhanden ist. Wie in allen ähnlichen Fällen bin ich diesem Problem bei meinen Patienten begegnet, und zwar bei der Erforschung ihrer Träume. Es ist mir zunächst aufgefallen, daß eine gewisse Art von Vaterkomplex einen sozusagen »geistigen« Charakter hat, d. h. vom Bilde des Vaters gehen Aussagen, Handlungen, Tendenzen, Antriebe, Meinungen usw. aus, denen man das Attribut »geistig« wohl nicht verwehren kann. Bei Männern führt ein positiver Vaterkomplex nicht selten zu einer gewissen Autoritätsgläubigkeit und zu einer ausgesprochenen Unterwerfungsbereitschaft gegenüber allen geistigen Satzungen und Werten, bei Frauen zu lebhaften geistigen Aspirationen und Interessen. In den Träumen ist es eine Vaterfigur, von der entscheidende Überzeugungen, Verbote und Ratschläge ausgehen. Die Unsichtbarkeit dieser Quelle wird oft dadurch betont, daß sie nur aus einer autoritären Stimme besteht, welche endgültige Urteile fällt[2]. Es ist darum meist die Figur eines *alten Mannes*, welche den Faktor »Geist« symbolisiert. Gelegentlich ist es auch ein »eigentli-

1 Auch wenn man der Auffassung ist, daß eine Selbstoffenbarung des Geistes, z. B. eine Geistererscheinung, nichts sei als eine Halluzination, so ist diese dennoch ein spontanes (unserer Willkür nicht unterworfenes) psychisches Geschehen. Es ist auf alle Fälle ein autonomer Komplex, was für unsere Zwecke völlig genügt.

2 Ein entsprechender Fall ist dargestellt in: Psychologie und Alchemie. 2. Aufl. 1952, p. 79 ff.

cher« Geist, nämlich der eines Verstorbenen, der diese Rolle spielt. Seltener sind es *groteske, heinzelmännchenartige Figuren* oder sprechende und wissende *Tiere*, welche den Geist bedeuten. Die Zwergformen finden sich, wenigstens nach meiner Erfahrung, hauptsächlich bei Frauen, weshalb es mir als logisch erscheint, wenn Barlach im »Toten Tag« der Mutter die gnomenhafte Figur des »Steißbartes« so zuschreibt, wie Bes der Muttergöttin von Karnak zugeordnet ist. Der Geist kann bei beiden Geschlechtern auch in der Gestalt eines *Knaben* oder *Jünglings* auftreten. Bei Frauen entspricht diese Figur einem sogenannten »positiven« Animus, welcher die Möglichkeit einer bewußten geistigen Unternehmung andeutet. Bei Männern ist diese Gestalt nicht so eindeutig. Sie kann positiv sein und hat dann die Bedeutung der »höheren« Persönlichkeit, des Selbst oder des filius regius, wie die Alchemisten ihn auffassen[1]. Er kann aber auch negativ sein und bedeutet dann den infantilen *Schatten*[2]. In beiden Fällen stellt der Knabe einen gewissen Geist dar[3]. Greis und Knabe gehören zusammen. Dieses Paar spielt auch in der Alchemie eine beträchtliche Rolle als Symbol des Mercurius.

Es ist nie mit hundertprozentiger Sicherheit festzustellen, daß die Geistfiguren der Träume moralisch gut sind. Öfters haben sie alle Anzeichen nicht nur der Zweideutigkeit, sondern auch der Boshaftigkeit. Ich muß aber betonen, daß der große Plan, nach dem das unbewußte Leben der Seele konstruiert ist, sich unserer Einsicht so sehr entzieht, daß wir nie wissen können, welches Böse notwendig ist, um durch Enantiodromie ein Gutes herbeizuziehen, und welches Gute zum Bösen verführen wird. Das »probate spiritus«, das Paulus empfiehlt, kann oft beim besten Willen nichts anderes sein, als ein ebenso vorsichtiges wie geduldiges Abwarten, wie es schließlich herauskommt.

Die Gestalt des alten Weisen kann nicht nur in Träumen, sondern auch in den Visionen der Meditation (oder der so-

1 Die Vision vom »nackten Knaben« bei Meister Eckhart gehört hieher.

2 Ich erinnere an die »Knaben« in der Novelle von Bruno Goetz: Das Reich ohne Raum. – Über die Gestalt des göttlichen Knaben vgl. auch: A. Jaffé: Hermann Broch, Der Tod des Vergil. Ein Beitrag zum Problem der Individuation. In: Studien zur Analyt. Psychologie C. G. Jungs, Bd. 2. Zürich 1955. Festschrift zum 80. Geburtstag von C. G. Jung.

3 Vgl. dazu das »göttliche Kind« in Jung und Kerényi: Einführung in das Wesen der Mythologie. 1941, p. 114 ff.

genannten »aktiven Imagination«) so plastisch hervortreten, daß sie, wie dies in Indien gelegentlich der Fall zu sein scheint, die Rolle eines guru übernimmt [1]. Der »alte Weise« erscheint in Träumen als Magier, Arzt, Priester, Lehrer, Professor, Großvater oder als irgendwelche Person, die Autorität besitzt. Der Archetypus des Geistes in Menschen-, Gnomen- oder Tiergestalt tritt jeweils in einer Situation auf, in welcher Einsicht, Verständnis, guter Rat, Entschluß, Plan usw. nötig wären, aber aus eigenen Mitteln nicht hervorgebracht werden können. Der Archetypus kompensiert diesen geistigen Mangelzustand durch Inhalte, welche die Lücke ausfüllen. Ein vortreffliches Beispiel für eine solche Kompensation ist der Traum vom weißen und schwarzen Magier, den ich im Aufsatz »Über die Archetypen des kollektiven Unbewußten« erwähnt habe [2]. Dieser Traum versuchte, die geistigen Schwierigkeiten eines jungen Theologiestudenten zu kompensieren. Die Kompensation geschah hier allerdings nicht so, daß dem Träumer das überreicht worden wäre, was ihm als wünschenswert erschien, sondern er wurde mit einem Problem konfrontiert, welches ich oben andeutete und welches das Leben immer wieder an uns heranbringt, nämlich die Unsicherheit der moralischen Bewertung, das verwirrende Zusammenspielen von Gut und Böse und die unerbittliche Verkettung von Schuld, Leiden und Erlösung. Dieser Weg zur religiösen Urerfahrung ist richtig, aber wie viele können ihn erkennen? Er ist eine leise Stimme, und sie klingt von ferne. Sie ist zweideutig, zweifelhaft und dunkel, sie bedeutet Gefahr und Wagnis; ein unsicherer Pfad, den man nur um Gottes willen gehen kann, ohne Gewißheit und ohne Sanktion.

3. Der Geist im Märchen

Ich möchte meinem Leser gerne mehr von modernem Traummaterial vorlegen. Aber ich fürchte, daß der Indivi-

1 Daher die vielen Wundergeschichten der rishis und mahatmas. Ein gebildeter Inder, mit dem ich mich über das Wesen des guru unterhielt, antwortete mir auf meine Frage, wer sein guru gewesen sei: »Das war Śankarāchārya (VIII. bis IX. Jahrhundert).« Erstaunt bemerkte ich: »Aber das ist ja der bekannte Kommentator.« Worauf er entgegnete: »Ja, das war er, aber natürlich sein Geist«, wobei ihn meine abendländische Beunruhigung nicht im geringsten störte.

2 Siehe p. 44 dieses Bandes.

dualismus der Träume viel zu hohe Anforderungen an die Darstellung erhebt und einen Raum beansprucht, der uns hier nicht zur Verfügung steht. Wir wenden uns darum lieber dem Folklore zu, wo wir den Konfrontationen und Wirrnissen der individuellen Kasuistik enthoben sind und die Variationen des Geistmotives betrachten können, ohne Rücksicht auf mehr oder weniger einmalige individuelle Bedingungen nehmen zu müssen. In Mythen und Märchen wie im Traume sagt die Seele über sich selber aus, und die Archetypen offenbaren sich in ihrem natürlichen Zusammenspiel, als »Gestaltung, Umgestaltung, des ewigen Sinnes ewige Unterhaltung«.

Der Häufigkeit, mit der der Typus des Geistes im Traume als alter Mann auftritt, entspricht ungefähr diejenige im Märchen[1]. Der alte Mann erscheint immer dann, wenn der Held sich in einer aussichtslosen und verzweifelten Situation befindet, aus der ihn nur gründliche Überlegung oder ein glücklicher Einfall befreien kann, also eine geistige Funktion oder ein endopsychischer Automatismus. Da der Held aber aus äußeren und inneren Gründen diese Leistung nicht vollbringen kann, so tritt, den Mangel kompensierend, die nötige Erkenntnis in Form eines personifizierten Gedankens auf, eben in der Gestalt des rat- und hilfebringenden Alten. In einem estnischen Märchen[2] wird z. B. erzählt, wie ein mißhandelter Waisenknabe, dem beim Hüten eine Kuh entlaufen war, aus Furcht vor Strafe nicht mehr nach Hause zurückkehren wollte und auf gut Glück blindlings davonlief. Damit begab er sich in eine hoffnungslose Situation, in der kein Ausweg sichtbar war. Erschöpft fiel er in einen tiefen Schlaf. Als er erwachte, »kam es ihm vor, als ob er etwas Flüssiges im Munde gehabt habe, und er sah einen kleinen alten Mann mit langem, grauem Barte vor sich stehen, der im Begriffe war, den Spund wieder auf sein Milchfäßchen zu setzen. ›Gib mir noch zu trinken!‹ bat der Knabe. ›Für heute hast du genug‹, erwiderte der Alte, ›wenn mein Weg mich nicht zufällig hierher geführt hätte, so wäre es sicher dein letzter Schlaf gewesen,

1 Das Märchenmaterial, das ich hier benütze, verdanke ich der freundlichen Unterstützung durch Frl. Dr. M.-L. von Franz.

2 Finnische und estnische Märchen, 1922. Nr. 68, p. 208. Sämtliche im folgenden erwähnten Märchenbücher entstammen der Sammlung: Die Märchen der Weltliteratur. Diederichs, Jena.

denn als ich dich fand, warst du schon halb tot.‹ Dann befragte der Alte den Knaben, wer er sei und wohin er wolle. Der Knabe erzählte alles, was er erlebt hatte, solange er sich erinnern konnte, bis zu den Schlägen von gestern abend. Da sagte der Alte: ›Mein liebes Kind! Dir ist es nicht besser noch schlimmer ergangen, als so manchen, deren liebe Pfleger und Tröster im Sarge unter der Erde ruhen. Zurückkehren kannst du nicht mehr. Da du einmal fortgegangen bist, so mußt du dir ein neues Glück in der Welt suchen. Da ich weder Haus noch Hof, weder Weib noch Kind habe, so kann ich auch nicht weiter für dich sorgen, aber einen guten Rat will ich dir umsonst geben.‹«
Bis dahin spricht der Alte das aus, was der Knabe, der Held der Erzählung, sich auch hätte denken können. Wenn er dem Drange seines Affektes folgend einfach so ins Blaue davonläuft, so müßte er sich doch zum mindesten überlegen, daß er der Nahrung bedurfte. Sodann wäre es auch nötig gewesen, in einem solchen Moment über seine Lage nachzudenken. Dabei wäre ihm seine ganze bisherige Lebensgeschichte bis in die jüngste Vergangenheit eingefallen, wie das so zu gehen pflegt. Es handelt sich bei einer solchen Anamnese um einen zweckmäßigen Vorgang, welcher darauf zielt, in dem kritischen Moment, der alle geistigen und physischen Kräfte herausfordert, die ganze Persönlichkeit und ihren Besitzstand gewissermaßen zu versammeln, um mit diesen geeinten Kräften das Tor der Zukunft aufzustoßen. Niemand wird ihm dabei helfen, und er wird gänzlich auf sich gestellt sein. Ein Zurück gibt es nicht mehr. Diese Einsicht wird seinem Handeln die nötige Entschiedenheit geben. Indem ihn der Alte zu dieser Realisierung veranlaßt, nimmt er ihm die Mühe des eigenen Denkens ab. Ja, der Alte ist selber dieses zweckmäßige Nachdenken und Konzentrieren der moralischen und physischen Kräfte, das sich dort, wo ein bewußtes Denken noch nicht oder nicht mehr möglich ist, im außerbewußten psychischen Raume spontan vollzieht. Der Konzentrierung und Spannung der psychischen Kräfte eignet etwas, das immer wieder wie Magie erscheint; sie entwickeln nämlich eine unerwartete Durchschlagskraft, welche der bewußten Willensleistung oft um ein Vielfaches überlegen ist. Man kann dies experimentell besonders im künstlichen Konzentra-

tionszustand, in der Hypnose, beobachten: Ich pflegte in meinen Kursen eine Hysterica von schwächlichem Körperbau im hypnotischen Tiefschlaf mit dem Hinterkopf auf den einen Stuhl und mit den Fersen, wie ein Brett, auf den andern zu legen und sie etwa eine Minute so liegen zu lassen. Ihr Puls erhöhte sich allmählich bis auf 90. Ein kräftiger Turner unter den Studenten versuchte vergeblich, dieses Experiment mit bewußter Willensanstrengung nachzuahmen. Er knickte baldigst mit einem Puls von 120 zusammen.

Als der kluge Alte den Jungen soweit versammelt hatte, konnte der gute Rat beginnen, d. h. die Situation erschien nicht mehr aussichtslos. Er riet ihm, ruhig weiter zu wandern, immer nach Osten, wo er nach sieben Jahren den großen Berg erreichen werde, welcher sein Glück bedeute. Das Große und Aufragende des Berges deutet die erwachsene Persönlichkeit an[1]. Aus der versammelten Kraft erwächst Gewißheit und damit die beste Garantie des Erfolges[2]. So wird ihm nichts mehr mangeln. »Nimm meinen Brotsack und mein Fäßchen«, sagte der Alte, »du wirst darin täglich soviel Speise und Trank finden, als du bedarfst.« Ebenso gab er ihm ein Klettenblatt, das sich in ein Boot verwandeln konnte, wenn der Knabe über ein Gewässer setzen mußte.

Öfters stellt der Alte in den Märchen die Frage nach dem Wer, Warum, Woher und Wohin[3], um damit die Selbstbesinnung und Versammlung der moralischen Kräfte in die Wege zu leiten, und noch häufiger verleiht er die nötigen Zaubermittel[4], d. h. die unerwartete und unwahrscheinliche

1 Der Berg stellt das Ziel der Wanderschaft und des Aufstieges dar, darum bedeutet er psychologisch oft das Selbst. Der J-Ging beschreibt als Ziel: »der König stellt ihn dem Westberg vor«. (Hexagramm 17. Sui, die Nachfolge.) Bei Honorius von Autun (Spec. de Mysteriis Eccl. Migne: Patr. Lat. vol. CLXXII, col. 945) heißt es: »Montes patriarchae et prophetae sunt.« Richard von S. Victor sagt: »Vis videre Christum transfiguratum? Ascende in *montem* istum, disce cognoscere te ipsum.« (Benjamin minor, Migne: Patr. Lat. vol. CXCVI col. 53–56.)

2 In dieser Hinsicht ist die Phänomenologie des Yoga besonders hervorzuheben.

3 Hiefür gibt es zahlreiche Beispiele: Spanische und portugiesische Volksmärchen, 1940, p. 158 u. 199. Russische Volksmärchen, 1914, p. 149. Märchen aus dem Balkan, 1915, p. 64. Märchen aus Iran, 1939, p. 151. Nordische Volksmärchen, I, 1915, p. 231.

4 Dem Mädchen, das seine Brüder sucht, gibt er einen Knäuel, der zu ihnen hinrollt. (Estnische Volksmärchen, 1922, p. 260.) Dem Prinzen, der das Himmelreich sucht, wird ein Kahn gegeben, der von selber fährt. (Deutsche Märchen

Erfolgskraft, welche eine Eigentümlichkeit der geeinten Persönlichkeit im Guten und Bösen darstellt. Aber ebenso unerläßlich scheint die Intervention des Alten, d. h. die spontane Objektivation des Archetypus, zu sein, da der bewußte Wille allein wohl kaum je imstande ist, die Persönlichkeit in dem Maße zu einigen, daß sie außergewöhnliche Erfolgskraft erreicht. Dazu bedarf es nicht nur im Märchen, sondern im Leben überhaupt des objektiven Dazwischentretens des Archetypus, welcher das bloß affektive Reagieren durch eine Kette innerer Konfrontations- und Realisierungsvorgänge stillstellt. Diese lassen das Wer, Wo, Wie, Wozu klar hervortreten und ermöglichen damit die Erkenntnis der momentanen Lage sowohl wie des Zieles. Die dadurch bewirkte Aufklärung und Entwirrung des Schicksalsknäuels hat oft etwas geradezu Zauberhaftes an sich, eine Erfahrung, die dem Psychotherapeuten nicht unbekannt ist.

Die Tendenz des Alten, Überlegung zu veranlassen, äußert sich auch in der Form der Aufforderung, zuerst einmal »darüber zu schlafen«. So sagt er zu dem Mädchen, das seine verschwundenen Brüder sucht: »Leg dich hin: der Morgen ist klüger als der Abend[1].« Auch durchschaut er die dunkle Lage des in Bedrängnis geratenen Helden oder weiß wenigstens jene Informationen zu verschaffen, welche diesem weiterhelfen. Zu letzterem Zwecke bedient er sich gerne der Hilfe der Tiere, insbesondere der *Vögel*. Dem Prinzen, der den Weg ins Himmelreich sucht, sagt der Einsiedel: »Ich wohne bereits seit dreihundert Jahren hier, aber noch hat mich keiner nach dem Himmelreich gefragt; ich kann es dir nicht sagen, aber droben, im andern Stock des Hauses wohnen allerlei Vögel, die können es dir jedenfalls sagen[2].« Der Alte weiß, welche Wege zum Ziel führen, und zeigt sie dem Helden[3]. Er warnt vor

seit Grimm, 1912, p. 381 f.) Ein anderes Geschenk ist eine Flöte, die alles tanzen macht (Märchen aus dem Balkan, p. 173), oder die wegeweisende Kugel und der unsichtbarmachende Stock (Nord. Volksmärchen, I, p. 97), oder wunderbare Hunde (l. c., p. 287), oder ein Buch mit geheimer Weisheit (Chines. Volksmärchen, 1917, p. 258).

1 Finnische und estnische Volksmärchen, Nr. 83, p. 260.

2 Deutsche Märchen seit Grimm, 1912, p. 382. In einem Balkanmärchen (1915, p. 65) ist der Alte »Zar aller Vögel«. Dort weiß die Elster Bescheid. Vgl. auch den mysteriösen »Herrn des Taubenschlags« in Meyrinks Novelle: Der weiße Dominikaner.

3 Märchen aus Iran, 1939, p. 152.

kommenden Gefahren und gibt die Mittel, um diesen wirksam zu begegnen. Er belehrt z. B. den Knaben, der das Silberwasser holen will, daß die Quelle von einem Löwen bewacht sei, welcher die trügerische Eigenschaft habe, mit geöffneten Augen zu schlafen, mit geschlossenen Augen aber zu wachen[1], oder er rät dem Jungen, der zu einer magischen Quelle reiten will, um dort den Heiltrank für den König zu holen, das Wasser nur im Trab zu schöpfen, weil dort Hexen lauern, welche nach allen, die zur Quelle kommen, den Lasso werfen[2]. Er läßt die Prinzessin, die ihren in einen Werwolf verwandelten Liebsten sucht, ein Feuer machen und einen Kessel mit Teer daraufsetzen. Dann muß sie ihre geliebte weiße Lilie in den kochenden Teer werfen, und als der Werwolf kommt, heißt er sie den Kessel dem Wolfe über den Kopf stülpen, wodurch ihr Liebster entzaubert wird[3]. Gelegentlich zeichnet sich der Alte durch sein kritisches Urteil aus, wie in jenem kaukasischen Märchen vom jüngsten Prinzen, der dem Vater eine fehlerlose Kirche bauen wollte, um das Reich zu erben. Er baut sie, und niemand kann einen Fehler daran entdecken, aber ein alter Mann erscheint und sagt: »Ach, was sie da für eine schöne Kirche gebaut haben! Nur schade, daß die Grundmauer ein bißchen krumm ist!« Der Prinz läßt die Kirche niederreißen und baut eine neue. Aber auch hier entdeckt der Alte einen Fehler und so zu dreien Malen[4].

Der Alte stellt also einerseits Wissen, Erkenntnis, Überlegung, Weisheit, Klugheit und Intuition, andererseits aber auch moralische Eigenschaften, wie Wohlwollen und Hilfsbereitschaft dar, womit sein »geistiger« Charakter wohl hinlänglich verdeutlicht sein dürfte. Da der Archetypus ein autonomer Inhalt des Unbewußten ist, so kann das Märchen, das sonst die Archetypen konkretisiert, den Alten im Traum erscheinen lassen, und zwar so, wie dies auch in modernen Träumen etwa vorkommt. In einem Balkanmärchen erscheint der Alte dem bedrängten Helden im Traume und gibt ihm guten Rat, wie er die ihm auferleg-

1 Spanische und portugiesische Märchen, 1940, p. 158.
2 l. c., p. 199.
3 Nordische Volksmärchen, I, 231 f.
4 Kaukasische Märchen, 1919, p. 35 f.

ten, unmöglichen Aufgaben bewältigen könnte[1]. Seine Beziehung zum Unbewußten wird deutlich durch die Bezeichnung als »Waldkönig« in einem russischen Märchen. Als sich der Bauer müde auf einen Baumstumpf niedersetzte, kroch daraus ein kleiner alter Mann hervor, »ganz runzlig war er, und ein grüner Bart hing ihm bis zu den Knien hinab«. »›Wer bist du denn?‹ fragte der Bauer. ›Ich bin der Waldkönig Och‹, sagte das Männchen.« Der Bauer verdingte ihm seinen liederlichen Sohn. »Und als der Waldkönig mit diesem fortging, führte er ihn in *jene andere Welt unter der Erde* und brachte ihn in eine grüne Hütte ... In der Hütte aber war alles grün: die Wände waren grün und die Bänke, Ochs Frau war grün und die Kinder waren grün ... und die Wasserweibchen, die bei ihm dienten, die waren so grün wie Rauten.« Sogar das Essen war grün. Der Waldkönig ist hier als ein Vegetations- oder Baumnumen geschildert, das einerseits im Walde dominiert, andererseits auch – durch die Nixen – Beziehung zum Wasserreich hat, woraus seine Zugehörigkeit zum Unbewußten deutlich zu erkennen ist, insofern letzteres häufig durch Wald sowohl als Wasser ausgedrückt wird.
Ebenfalls mit der Zugehörigkeit zum Unbewußten hat es zu tun, wenn der Alte als *Zwerg* erscheint. Im Märchen von der Prinzessin, die ihren Liebsten suchte, heißt es: »Die Nacht kam und die Finsternis, und die Sterne gingen auf und unter, und immer noch saß die Prinzessin auf derselben Stelle und weinte. Wie sie nun in tiefen Gedanken saß, hörte sie eine Stimme grüßen: ›Guten Abend, schöne Jungfrau! Warum sitzest du hier so einsam und traurig?‹ Da sprang sie hastig auf und war sehr betreten, und das war kein Wunder. Aber als sie sich umsah, stand da nur ein winzig kleines altes Männchen, das nickte ihr zu und sah so herzlich bescheiden aus.« In einem Schweizermärchen begegnet dem Bauernsohn, welcher der Königstochter einen Korb voll Äpfel bringen will, »es chlis isigs Männdli, das frogt-ne, was er do i dem Chratte häig?«. An einer andern Stelle hat das »Männdli« »es isigs Chlaidli a[2]«.

1 Balkanmärchen, 1915, p. 217.
2 Es handelt sich um das Märchen vom Vogel Greif, Nr. 84 der Kinder- und Hausmärchen, gesammelt durch die Brüder Grimm. Diederichs, 1912, Bd. II, p. 84 ff. Der Text wimmelt von phonetischen Fehlern.

Unter »isig« ist wohl »eisern« zu verstehen, was wahrscheinlicher sein dürfte als »eisig«. In letzterem Fall müßte es wohl heißen »es Chlaidli vo Is«. Es gibt zwar »Eismännchen«, aber auch Erzmännchen, und in einem modernen Traum habe ich sogar ein schwarzes eisernes Männchen gefunden, welches im Momente einer bedeutenden Lebenswendung auftrat, wie in diesem Märchen vom dummen Hans, der im Begriffe war, eine Prinzessin zu heiraten.
In einer modernen Visionsserie, in welcher der Typus des alten Weisen mehrfach auftrat, hat dieser das eine Mal normale Größe, als er am Grunde eines Kraters, der von hohen Felswänden umsäumt ist, erscheint, das andere Mal ist er von winziger Gestalt und befindet sich auf dem Gipfel eines Berges, innerhalb einer niederen, steinernen Umfriedung. Dasselbe Motiv findet sich auch in GOETHES Märchen von der Zwergenprinzessin, deren Wohnraum in einer Schatulle Platz hat [1]. In diesen Zusammenhang gehören das Anthroparion, das Bleimännchen der Zosimosvision [2], sowie die Erzmännchen der Bergwerke, die kunstfertigen Daktylen der Antike, die homunculi der Alchemisten, die Heinzelmännchen, die schottischen brownies usw. Wie »wirklich« dergleichen Vorstellungen sind, ist mir klar geworden anläßlich eines schweren Bergunglückes, wo nach der Katastrophe zwei der Teilnehmer bei hellem Tageslicht die Kollektivvision eines Kapuzenmännchens hatten, welches aus den unzugänglichen Schründen des Gletscherabsturzes herauskam und den Gletscher überquerte, was bei den beiden eine förmliche Panik auslöste. Ich bin öfters Motiven begegnet, welche mir den Eindruck machten, als ob das Unbewußte die Welt des unendlich Kleinen wäre. Rationalistischerweise könnte man dies aus dem dunkeln Gefühl, es bei solchen Visionen mit etwas Endopsychischem zu tun zu haben, ableiten, indem man daraus den Schluß zieht, das Ding müsse doch sehr klein sein, um im Kopfe Platz zu haben. Ich bin kein Freund solcher »vernünftiger« Mutmaßungen, obschon ich nicht behaupten möchte, daß sie allemal daneben träfen. Wahrscheinlicher erscheint mir, daß die Neigung zum Diminutiv einerseits und zur über-

1 Goethe: Die neue Melusine. Märchen.
2 Vgl. meinen Aufsatz »Die Visionen des Zosimos« in: Von den Wurzeln des Bewußtseins. Zürich 1954, p. 137.

mäßigen Vergrößerung (Riesen!) andererseits mit der merkwürdigen Unsicherheit des Raum- und Zeitbegriffes im Unbewußten zu tun hat[1]. Menschliches Maßgefühl, d. h. unser rationaler Begriff von groß und klein, ist ein ausgesprochener Anthropomorphismus, welcher nicht nur im Reiche der physikalischen Erscheinungen, sondern auch in jenen Gebieten des kollektiven Unbewußten, welche jenseits der Reichweite des spezifisch Menschlichen liegen, seine Gültigkeit verliert. Der atman ist kleiner als klein und größer als groß, er ist von Daumengröße und »bedeckt doch die Welt allerorten zwei Handbreit hoch«. Und von den Kabiren sagt GOETHE: »klein an Gestalt, doch groß an Gewalt«. So ist der Archetypus des Weisen zwar winzig klein, beinahe unmerkbar und doch von schicksalsbedingender Kraft, wie man sehen kann, wenn man den Dingen wirklich auf den Grund geht. Die Archetypen haben diese Eigentümlichkeit gemein mit der Atomwelt, die gerade in unsern Tagen anschaulich beweist, daß, je tiefer das Experiment des Forschers in die Welt des Allerkleinsten dringt, es um so verheerenderen Energiebeträgen, die dort gebunden liegen, begegnet. Daß aus dem Kleinsten größte Wirkung hervorgeht, ist nicht nur auf physikalischem Gebiete, sondern auch in der psychologischen Forschung offenbar geworden. Wie oft hängt in den kritischen Augenblicken des Lebens an einem anscheinenden Nichts ein Alles!

In gewissen primitiven Märchen drückt sich die erleuchtende Natur unseres Archetypus dadurch aus, daß der Alte mit der *Sonne* identifiziert wird. Er bringt einen Feuerbrand mit, den er dazu gebraucht, um einen Kürbis zu rösten. Als er gegessen hat, nimmt er das Feuer aber wieder mit, was die Menschen veranlaßt, ihm dasselbe zu stehlen[2]. In einem nordamerikanischen Märchen ist der Alte ein Medizinmann, der das *Feuer* besitzt[3]. Der Geist hat den Aspekt des Feuers, wie wir aus der Sprache des Alten Testamentes und aus der Erzählung des Pfingstwunders wissen. Neben seiner Klugheit, Weisheit und Erkenntnis weist sich der Alte, wie schon erwähnt, auch über den Besitz von mo-

1 In einem sibirischen Märchen (Nr. 13, p. 62) erscheint der Alte als weiße, bis zum Himmel ragende Gestalt.

2 Indianermärchen aus Südamerika, 1920, p. 285.

3 Indianermärchen aus Nordamerika, 1924, p. 74.

ralischen Eigenschaften aus, ja mehr noch: er prüft die moralischen Fähigkeiten der Menschen und macht seine Gaben von dieser Probe abhängig. Ein besonders deutliches Beispiel ist das estnische Märchen von der Stieftochter und der Haustochter. Erstere ist ein Waisenkind, das sich durch Gehorsam und Ordentlichkeit auszeichnet. Die Geschichte beginnt damit, daß ihr der Spinnrocken in den Brunnen fällt. Sie springt ihm nach, ertrinkt aber im Brunnen nicht, kommt ins magische Land und gerät auf die Quest, wo ihr eine Kuh, ein Widder und ein Apfelbaum begegnen, denen sie ihre Wünsche erfüllt. Sie kommt nun zu einer Badestube, in der ein schmutziger alter Mann sitzt und von ihr gewaschen werden will. Es entspinnt sich folgendes Zwiegespräch: Der Alte: »Schönes Mädchen, schönes Mädchen! bad mich, es ist mir zu schwer, so schmutzig zu sein!« Sie: »Womit soll ich den Ofen heizen?« »Sammle Holzpflöcke und Krähenmist und heiz damit.« Sie aber holt Reisig und fragt: »Wo soll ich das Badewasser hernehmen?« Er: »Unter der Korndarre steht eine weiße Stute. Laß sie in den Zuber pissen!« Das Mädchen aber nimmt reines Wasser. »Wo soll ich einen Badequast hernehmen?« »Schneide der weißen Stute den Schwanz ab und mach daraus einen Badequast!« Sie macht aber einen solchen aus Birkenreisern. »Wo soll ich Seife hernehmen?« »Nimm einen Badstubenstein und scheure mich damit!« Sie aber holt aus dem Dorf Seife und wäscht damit den Alten. Zum Lohn gibt ihr dieser eine Schachtel voll Gold und Edelsteine. Die Haustochter wird natürlich neidisch, wirft den Spinnrocken in den Brunnen, wo sie den Rocken aber gleich wiederfindet. Sie geht trotzdem weiter und macht nun alles das verkehrt, was die Stieftochter richtig gemacht hat. Der Lohn ist dementsprechend. Bei der Häufigkeit dieses Motivs erübrigen sich weitere Belege.

Die Gestalt des ebenso überlegenen wie hilfreichen Alten legt es nahe, sie mit der *Gottheit* in irgend eine Beziehung zu bringen. In dem deutschen Märchen vom Soldaten und der schwarzen Prinzessin[1] wird erzählt, wie die verfluchte Prinzessin aus ihrem eisernen Sarg heraus jede Nacht den Soldaten, der am Grab Wache stehen sollte, zu sich holt und auffrißt. Ein Soldat nun, als die Reihe des Wachestehens an ihn kam, wollte fliehen. »Als es Abend wurde,

1 Deutsche Märchen seit Grimm, 1912, p. 189 ff.

stahl er sich fort, lief über Berge und Felder und kam auf eine schöne Wiese. Da stand plötzlich ein kleines Männchen mit langem grauem Bart vor ihm, das war aber unser lieber Herrgott, der wollte den Jammer, welchen der Teufel allnächtlich anrichtete, nicht länger mit ansehen. ›Wohin des Wegs?‹ sprach das Graumännchen, ›darf man nicht mit?‹ Und weil das Alterchen so treuherzig aussah, erzählte ihm der Soldat, daß er fortgelaufen sei und warum er das getan habe.« Es folgt nun, wie üblich, der gute Rat. In dieser Erzählung wird tatsächlich der Alte mit derselben Naivität für Gott selber erklärt, wie der englische Alchemist Sir John Ripley den »alten König« als »antiquus dierum«[1] bezeichnet[2].

Wie alle Archetypen einen positiven, günstigen, hellen, nach oben weisenden Charakter haben, so auch einen nach unten weisenden, teils negativen und ungünstigen, teils bloß chthonischen, aber im weiteren neutralen Aspekt. Davon macht der Archetypus des Geistes keine Ausnahme. Schon seine Zwerggestalt bedeutet einen einschränkenden Diminutiv, ebenso die andeutungsweise Naturhaftigkeit eines Vegetationsnumens, das der Unterwelt entstammt. Als beeinträchtigt, insofern er ein Auge verloren hat, erscheint der Alte in einem Balkanmärchen. Die »Vilen«, eine Art geflügelter Unholde, haben es ihm ausgestochen, und der Held muß dafür sorgen, daß sie es ihm wiederherstellen. Der Alte hat also einen Teil seines Augenlichtes, d. h. seiner Einsicht und Illumination, an die dämonische Dunkelwelt verloren; er ist von dieser beeinträchtigt und erinnert insofern an das Schicksal des Osiris, der sein eines Auge durch den Anblick eines schwarzen Schweines, nämlich des Seth, verlor, oder an dasjenige Wotans, der sein eines Auge an den Brunnen Mimirs opferte. Bezeichnenderweise ist das Reittier des Alten unseres Märchens ein Bock, was darauf hinweist, daß er selber auch eine dunkle Seite besitzt. In einem sibirischen Märchen erscheint der Alte als ein einbeiniger, einhändiger und einäugiger Greis, der mit einem eisernen Stab einen Toten erweckt. Im Verlaufe der Geschichte wird er irrtümlicherweise selber von dem mehrfach Wiederbelebten getötet, der damit auch

1 »Der Alte der Tage«.
2 In der sog. Cantilena.

sein ganzes Glück verscherzt hat. Der Titel des Märchens lautet: »Der einseitige Alte«, und in der Tat bedeutet seine Beeinträchtigung, daß er gewissermaßen nur aus einer Hälfte besteht. Die andere Hälfte ist unsichtbar, tritt aber in der Erzählung als ein Mörder auf, der dem Helden der Geschichte nach dem Leben trachtet. Schließlich gelingt es dem Helden, seinen mehrfachen Mörder zu töten; in der Raserei erschlägt er aber auch den einseitigen Alten, womit die Identität der beiden Getöteten angedeutet ist. Daraus geht die Möglichkeit hervor, daß der Alte auch zugleich sein Gegenteil sein könnte, ein Belebender sowohl als ein Töter – »ad utrumque peritus«, wie es von Hermes heißt[1].

Unter diesen Umständen dürfte es sich aus heuristischen wie andern Gründen empfehlen, wo immer der Alte »bescheiden« und »treuherzig« auftritt, die Umgebung sorgfältig abzuleuchten. In unserem ersterwähnten estnischen Märchen vom Verdingknaben, der die Kuh verloren hatte, erhebt sich darum der Verdacht, daß der rechtzeitig zur Stelle befindliche hilfreiche Alte zuvor die Kuh listig zur Seite geschafft hat, um seinem Schützling ein tüchtiges Motiv zum Ausreißen zu verschaffen. Das ist leicht möglich, wie die Alltagserfahrung zeigt, daß das überlegene, aber subliminale Wissen ums Schicksal den ärgerlichen Zwischenfall inszeniert, um den dummen August des Ichbewußtseins ins Bockshorn zu jagen und ihn damit auf seinen eigentlichen Weg zu bringen, den er aus reiner Blödigkeit heraus nie gefunden hätte. Hätte unser Waisenknabe geahnt, daß der Alte es war, der ihm die Kuh wegzauberte, so wäre ihm dieser wohl wie ein hämischer Troll oder Teufel vorgekommen. Der Alte hat in der Tat auch einen *bösen* Aspekt, wie der primitive Medizinmann einerseits der heilende Helfer, andererseits der gefürchtete Giftmischer ist, wie auch das Wort φάρμακον Heilmittel sowohl wie Gift bedeutet, und Gift schließlich in Wirklichkeit beides sein kann.

So hat der Alte einen zweideutigen, elfischen Charakter, wie die äußerst lehrreiche Gestalt des Merlin, und wie er in gewissen Erscheinungsweisen das Gute selber zu sein scheint, so eignet ihm auch in andern Formen der Aspekt des Bösen. Dann ist er der böse Zauberer, der aus Egois-

1 Prudentius: Contra Symmachum. Corp. Script. Eccl. Lat. 61, p. 222. Siehe Hugo Rahner: Die seelenheilende Blume. Eranos-Jahrb. XII, 1945, p. 132.

mus Böses um des Bösen willen tut. In einem sibirischen Märchen ist der Alte ein böser Geist, »auf dessen Kopfe zwei Seen waren, in denen zwei Enten schwammen«. Er nährt sich von Menschenfleisch. Die Geschichte erzählt, wie der Held und seine Leute zu einem Fest ins nächste Dorf gehen und ihre Hunde zu Hause lassen. Diese beschließen – nach dem Sprichwort »Wenn die Katze aus dem Haus ist, tanzen die Mäuse« – ebenfalls ein Fest zu veranstalten. Auf dem Höhepunkt desselben stürzen sich alle auf die Fleischvorräte. Als die Leute nach Hause kommen, jagen sie die Hunde hinaus. Diese aber entlaufen in die Wildnis. »Der Schöpfer sprach zu Ememqut, dem Helden der Geschichte: ›Geh mit deiner Frau die Hunde suchen!‹« Dieser gerät aber in einen furchtbaren Schneesturm und muß Zuflucht suchen in der Hütte des bösen Geistes. Es folgt darauf das bekannte Motiv des übertölpelten Teufels. »Schöpfer« heißt der Vater des Ememqut. Der Vater des Schöpfers aber heißt »Selbstgeschaffen«, weil er sich selber geschaffen hatte. Obschon es nun nirgends im Märchen heißt, daß der Alte mit seinen zwei Seen auf dem Kopf den Helden und seine Frau zur Stillung seines Hungers hergelockt habe, so steht doch zu vermuten, daß ein besonderer Geist in die Hunde gefahren sei, der sie veranlaßt, wie die Menschen ein Fest zu feiern, um nachher, entgegen ihrer Art, davonzulaufen, weshalb Ememqut sie suchen muß; und daß der Held dann in den Schneesturm gerät, um dem bösen Alten in die Arme zu laufen. Als Ratgeber hilft dabei »Schöpfer«, der Sohn des »Selbstgeschaffen«, mit, wodurch ein Problemknäuel entsteht, dessen Auflösung wir lieber den sibirischen Theologen überlassen wollen.

In einem Balkanmärchen gibt der Alte der kinderlosen Zarin einen zauberischen Apfel zu essen, wovon sie schwanger wird und einen Sohn gebiert, dessen Gevatter zu sein der Alte sich ausbedungen hat. Der Junge ist aber ein Teufelskerl, der alle Kinder prügelt und den Hirten das Vieh erschlägt. Zehn Jahre lang hat er keinen Namen erhalten. Der Alte erscheint, sticht ihm ein Messer ins Bein und nennt ihn »Messerprinz«. Der Sohn will nun auf Abenteuer ausziehen, was ihm der Vater nach langem Zögern schließlich erlaubt. Das Messer, das ihm im Bein steckt, ist seine Lebensbedingung: zieht ein anderer es heraus, so stirbt er,

zieht er es selber heraus, so lebt er. Schließlich wird ihm das Messer zum Verhängnis, indem eine alte Hexe es ihm im Schlaf herauszieht. Er stirbt, wird aber durch seine selbsterworbenen Freunde wieder zum Leben gebracht[1]. Hier ist der Alte zwar hilfreich, aber auch der Geber gefährlichen Schicksals, das sich ebensogut zum Bösen hätte wenden können. Das Böse manifestierte sich frühzeitig und deutlich im gewalttätigen Charakter des Jungen.
Ebenfalls in einem Balkanmärchen findet sich eine erwähnenswerte Variante unseres Motivs: Ein König sucht seine Schwester, die ein Fremder entführt hat. Auf der Wanderschaft kehrt er in der Hütte einer alten Frau ein, die ihn davor warnt, seine Suche fortzusetzen. Ein mit Früchten beladener Baum, der immer vor ihm zurückweicht, lockt ihn von der Hütte weg. Als er endlich stehen bleibt, steigt ein Alter aus der Krone herunter. Er bewirtet den König und bringt ihn zu der Burg, wo dessen Schwester als Frau des Alten wohnt. Sie sagt ihrem Bruder, daß ihr Mann ein böser Geist sei, der ihn töten werde. Nach drei Tagen ist der König auch richtig verschwunden. Sein jüngerer Bruder geht nun ebenfalls auf die Suche und tötet den bösen Geist in der Gestalt eines Drachens. Dadurch wird ein schöner, junger Mann entzaubert, der nunmehr die Schwester heiratet. Der zuerst als Baumnumen erscheinende Alte steht in offenkundiger Beziehung zur Schwester. Er ist ein Mörder. In einer eingeschobenen Episode wird ihm zur Last gelegt, daß er eine ganze Stadt verzaubert habe, indem er sie »eisern« machte, d. h. unbeweglich, starr und verschlossen[2]. Auch hält er die Schwester des Königs gefangen und läßt sie nicht mehr zu ihren Verwandten zurückkehren. Damit wird eine *Animusbesessenheit* der Schwester geschildert. Der Alte ist soweit also aufgefaßt als der Animus der Schwester. Die Art und Weise aber, wie der König in diese Besessenheit einbezogen wird, und die Suche nach der Schwester legen den Gedanken nahe, daß die Schwester für den Bruder Animabedeutung hat. Der schicksalgebende Archetypus hat demnach zuerst die Anima des Königs in Besitz genommen, d. h. er entzieht dem König den Archetypus des Lebens, welcher eben in der Anima personifiziert

1 Märchen aus dem Balkan, 1915, p. 34 ff.
2 l. c., p. 177 ff.

ist, nötigt ihm dadurch die Quest nach dem verlorenen Lebensreiz, der »schwer erreichbaren Kostbarkeit«, auf und macht ihn damit zum mythischen Helden, d. h. zur höheren Persönlichkeit, die ein Ausdruck seines Selbst ist. Dabei handelt der Alte durchwegs als Bösewicht und muß gewaltsam beseitigt werden, um danach als der Gatte der Schwester-Anima zu erscheinen, recht eigentlich als Seelenbräutigam, der den heiligen Inzest als Symbol der Vereinigung des Entgegengesetzten und Gleichen feiert. Diese öfters begegnende, kühne Enantiodromie bedeutet nicht nur eine Verjüngung und Wandlung des Alten, sondern läßt auch eine geheime, innere Beziehung des Bösen zum Guten und vice-versa erahnen.
In dieser Geschichte sehen wir also den Archetypus des Alten in der Gestalt des Übeltäters, eingebettet in die Wandlungen und Peripetien eines Individuationsprozesses, der andeutungsweise bis zum Hieros Gamos reicht. Im vorhin erwähnten russischen Märchen vom Waldkönig erweist sich dieser umgekehrt zunächst als hilfreich und wohltätig, will aber dann seinen Verdingknaben nicht mehr herausgeben, so daß die Hauptereignisse der Erzählung in den mannigfachen Versuchen des Jungen bestehen, den Klauen des Zauberers zu entrinnen. An die Stelle der Quest tritt die Flucht, welche aber die gleichen Verdienste wie tapfer aufgesuchte Abenteuer zu haben scheint, denn am Ende heiratet der Held die Königstochter. Der Zauberer aber muß sich mit der Rolle des betrogenen Teufels begnügen.

4. Die theriomorphe Symbolik des Geistes im Märchen

Die Beschreibung unseres Archetypus wäre nicht vollständig, wenn wir nicht noch einer besonderen Erscheinungsweise desselben gedächten, nämlich seiner *Tierform.* Diese gehört ganz im Allgemeinen zum Theriomorphismus der Götter und Dämonen und hat die gleiche psychologische Bedeutung. Die Tiergestalt zeigt nämlich an, daß die in Frage kommenden Inhalte und Funktionen sich noch im außermenschlichen Bereiche, d. h. in einem Jenseits des menschlichen Bewußtseins befinden, und daher einerseits am Dämonisch-Übermenschlichen, andererseits am Tierisch-

Untermenschlichen teilhaben. Dabei ist aber in Betracht zu ziehen, daß diese Trennung nur im Raume des Bewußtseins Geltung hat, wo sie einer notwendigen Bedingung des Denkens entspricht. Die Logik sagt: tertium non datur, d. h. wir können uns Gegensätze in ihrem Einssein nicht vorstellen. Die Aufhebung einer trotzdem bestehenden Antinomie kann mit andern Worten für uns nur als Postulat gelten. Für das Unbewußte ist dem aber keineswegs so, indem dessen Inhalte samt und sonders paradox oder antinomisch in sich selber sind, die Kategorie des Seins nicht ausgenommen. Wenn jemand in Unkenntnis der Psychologie des Unbewußten sich von diesem Sachverhalt ein Bild machen will, so sei ihm das Studium der christlichen Mystiker und der indischen Philosophie empfohlen. Dort findet er die deutlichsten Auswirkungen der Antinomik des Unbewußten.
Obschon der Alte in unserer bisherigen Betrachtung ein meist menschliches Aussehen und Benehmen zur Schau trägt, so weisen doch seine zauberischen Fähigkeiten einschließlich seiner geistigen Überlegenheit auf das Außer- oder Über- und Untermenschliche im Guten und Bösen hin. Sein tierischer Aspekt bedeutet weder für den Primitiven noch für das Unbewußte eine Wertverminderung, denn in einer gewissen Hinsicht ist das Tier dem Menschen auch überlegen. Es hat sich noch nicht in sein Bewußtsein hineinverirrt und hat jener Macht, aus der es lebt, noch kein eigenwilliges Ich entgegengestellt, sondern erfüllt den Willen, der in ihm waltet, in nahezu vollkommener Weise. Wäre es bewußt, so wäre es frömmer als der Mensch. Die Legende vom Sündenfall enthält eine tiefe Lehre; ist sie doch der Ausdruck eines dunkeln Gefühls, daß die Emanzipation des Ichbewußtseins eine luziferische Tat darstellt. Die menschliche Weltgeschichte besteht von Anfang an in einer Auseinandersetzung des Minderwertigkeitsgefühles mit der Selbstüberhebung. Die Weisheit sucht die Mitte und büßt dieses kühne Unterfangen durch eine mißliche Verwandtschaft mit Dämon und Tier und leidet darum an moralischer Mißdeutbarkeit.
Häufig begegnen wir im Märchen dem *Motiv der hilfreichen Tiere*. Diese benehmen sich menschlich, sprechen menschliche Sprache und zeigen eine Klugheit und ein Wissen, welches demjenigen des Menschen sogar überlegen

ist. In diesem Fall kann man wohl mit Berechtigung sagen, daß der Archetypus des Geistes durch eine Tiergestalt ausgedrückt werde. In einem deutschen Märchen[1] wird erzählt, wie ein Junge, der sich auf der Suche nach seiner verschwundenen Prinzessin befindet, einem Wolf begegnet, der zu ihm spricht: »Fürchte dich nicht! Aber sage mir, wohin führt dich dein Weg?« Der Junge erzählt jenem seine Geschichte, worauf der Wolf ihm die magische Gabe, nämlich einige seiner Haare gibt, mit deren Hilfe der Junge ihn jederzeit zu Hilfe rufen könne. Dieses Intermezzo verläuft genau so, wie die Begegnung mit dem hilfreichen Alten. In der gleichen Erzählung tritt auch die andere, nämlich die böse Seite des Archetypus auf. Zur Veranschaulichung will ich das Märchen auszugsweise mitteilen:

Wie der Junge im Walde seine Schweine hütet, entdeckt er einen großen Baum, dessen Zweige sich in den Wolken verlieren. »Wie mag es wohl sein«, sagt der Junge zu sich, »wenn du dir von seinem Wipfel aus die Welt beschaust?« Er klettert nun den Baum empor, den ganzen Tag lang, ohne die Äste zu erreichen. Es wird Abend und er muß auf einem Aststrunk übernachten. Anderntags klettert er weiter und langt um Mittag in der Krone an. Erst gegen Abend erreicht er ein Dorf, das in die Äste hineingebaut ist. Dort wohnen Bauern, die ihn bewirten und ihm Herberge für die Nacht geben. Am Morgen klettert er weiter. Gegen Mittag erreicht er ein Schloß, in welchem eine Jungfrau wohnt. Hier erfährt er, daß es nicht mehr höher geht. Sie ist eine Königstochter, die von einem bösen Zauberer gefangengehalten wird. Er bleibt nun bei der Prinzessin und darf in alle Zimmer des Schlosses gehen; nur eines hat sie ihm verboten zu betreten. Aber die Neugier ist stärker. Er schließt das Zimmer auf und findet darin einen Raben, der mit drei Nägeln an die Wand geheftet ist. Ein Nagel geht durch den Hals, die beiden andern durch die Flügel. Der Rabe klagt über Durst und der Junge, von Mitleid bewegt, gibt ihm Wasser zu trinken. Bei jedem Schluck fällt ein Nagel heraus, und beim dritten ist der Rabe frei und fliegt zum Fenster hinaus. Als die Prinzessin davon hört, ist sie sehr erschrocken und sagt: »Das ist der Teufel gewesen, der mich verzaubert hat. Nun wird's nicht mehr

1 »Die Prinzessin auf dem Baum«. Deutsche Märchen seit Grimm, 1912, p. 1 ff.

lange währen, so holt er mich nach!« Eines schönen Morgens ist sie in der Tat verschwunden.

Der Junge geht nun auf die Suche, wo ihm, wie oben geschildert, der Wolf begegnet. In gleicher Weise begegnen ihm auch ein Bär und ein Löwe, von denen er ebenfalls Haare erhält. Außerdem verrät ihm der Löwe, daß die Prinzessin in der Nähe in einem Jägerhaus gefangen sei. Er findet das Haus und die Prinzessin, erfährt aber, daß Flucht unmöglich sei, weil der Jäger einen dreibeinigen Schimmel besitze, der alles wisse und den Jäger unfehlbar warnen würde. Trotzdem versucht der Junge die Flucht, aber vergebens. Der Jäger holt ihn ein, läßt ihn aber, da er ihm als Raben ja einmal das Leben gerettet habe, wieder laufen. Er reitet nun mit der Prinzessin davon. Der Junge aber schleicht sich, als der Jäger in den Wald gegangen war, wieder ins Haus ein und überredet die Prinzessin, dem Jäger das Geheimnis, wie er seinen klugen Schimmel erlangt hätte, abzulocken. Dies gelingt ihr in der Nacht, und der Junge, der sich unter dem Bett versteckt hatte, erfährt, daß etwa eine Stunde vom Jägerhaus eine Hexe wohnt, welche Zauberpferde züchtet. Wer die Fohlen drei Tage lang hüten kann, der darf sich zum Lohn ein Pferd aussuchen. Vorzeiten habe sie auch noch zwölf Lämmer dreingegeben, um damit den Hunger der zwölf Wölfe, die im Wald ums Gehöft wohnen, zu stillen und sie damit abzuhalten, daß sie sich auf einen stürzten. Sie habe ihm aber keine Lämmer gegeben. Die Wölfe hätten ihn nun verfolgt, als er wegritt, und beim Überschreiten der Grenze wäre es ihnen noch gelungen, seinem Schimmel wenigstens einen Fuß abzureißen. Darum habe er nur drei Beine.

Schleunigst sucht nun der Junge die Hexe auf und verdingt sich bei ihr unter der Bedingung, daß sie ihm nicht nur das Pferd gebe, das er selbst wähle, sondern noch zwölf Lämmer obendrein. Sie ist damit einverstanden. Sie befiehlt nun den Fohlen, ihm davonzulaufen. Um ihn einzuschläfern, gibt sie ihm Branntwein mit. Er trinkt ihn, schläft ein, und die Fohlen laufen davon. Am ersten Tag holt er sie mit Hilfe des Wolfes ein, am zweiten hilft ihm der Bär und am dritten Tag der Löwe. Nun darf er sich seinen Lohn aussuchen. Die kleine Tochter der Hexe verrät ihm, welches das Reitpferd der Mutter ist. Das ist natürlich das beste

Pferd, auch ein Schimmel. Diesen verlangt er. Kaum geht er aber aus dem Stall hinaus, da bohrt die Hexe dem Schimmel die vier Hufe an und saugt ihm das Mark aus den Knochen. Aus dem Mark bäckt sie einen Kuchen, den sie dem Jungen mit auf die Reise gibt. Das Pferd ist sterbensschwach, aber der Junge gibt ihm den Kuchen zu fressen, worauf es seine frühere Kraft wieder erlangt. Er gelangt unversehrt aus dem Walde heraus, nachdem er die zwölf Wölfe durch die zwölf Lämmer beschwichtigt hat. Er holt die Prinzessin ab und reitet mit ihr weg. Der dreibeinige Schimmel ruft wiederum den Jäger herbei, der den beiden sofort nachsetzt und sie darum rasch einholt, weil der vierbeinige Schimmel nicht laufen will. Als nun der Jäger in die Nähe kommt, ruft der vierbeinige dem dreibeinigen Schimmel zu: »Schwesterchen, wirf ihn ab!« Der Zauberer wird abgeworfen und von den beiden Pferden zertreten. Der Junge setzt nun die Prinzessin auf den dreibeinigen Schimmel, und so reiten die beiden in das Königreich ihres Vaters, wo sie Hochzeit feiern. Der vierbeinige Schimmel bittet den Jungen, beiden Pferden den Kopf abzuschlagen, da sie sonst Unheil über ihn bringen würden. Als er dies tut, verwandeln sich die Pferde in einen stattlichen Prinzen und eine wunderschöne Prinzessin, welche dann nach einiger Zeit »in ihr eigenes Königreich« ziehen. Sie waren vom Jäger einstmals in Pferde verwandelt worden.

Abgesehen von der theriomorphen Symbolik des Geistes in dieser Erzählung ist die Tatsache besonders interessant, daß die Funktion des Wissens und der Intuition durch ein Reittier dargestellt ist. Damit wird ausgedrückt, daß der Geist auch Besitztum sein kann. So ist der dreibeinige Schimmel Eigentum des dämonischen Jägers, der vierbeinige aber zunächst das der Hexe. Der Geist ist hier zum einen Teil Funktion, die wie eine Sache den Besitzer wechseln kann (Pferd); zum andern Teil aber auch autonomes Subjekt (Zauberer als Besitzer des Pferdes). Indem der Junge den vierbeinigen Schimmel von der Hexe erwirbt, befreit er einen Geist oder ein Denken besonderer Art von der Herrschaft des Unbewußten. Die Hexe bedeutet hier, wie an andern Orten, eine mater natura, resp. den ursprünglichen, sozusagen »matriarchalen« Zustand des Unbewußten, wodurch eine psychische Verfassung angezeigt ist, in welcher dem Unbewußten nur ein schwaches und unselbständiges Bewußtsein gegenübersteht. Der vierbeinige Schimmel erweist sich als dem dreibeinigen überlegen, da er ihm befehlen kann. Da die *Quaternität* ein Ganzheitssymbol ist und die Ganzheit in der Bilderwelt des Unbewußten eine beträchtliche Rolle spielt[1], so erscheint der Sieg der Vierbeinigkeit über die Dreibeinigkeit nicht ganz unerwartet. Was soll aber der Gegensatz zwischen Dreiheit und Vierheit bedeuten, resp. was bedeutet die Dreiheit gegenüber der Ganzheit? In der Alchemie heißt dieses Problem das *Axiom der Maria* und begleitet diese Philosophie durch mehr als ein Jahrtausend, um schließlich im Faust (Kabirenszene) nochmals aufgenommen zu werden. Seine literarisch früheste Fassung findet sich in den Eingangsworten des Timaios[2], an welche GOETHE wieder erinnert. Bei den Alchemisten können wir es deutlich sehen, wie der Trinität der Gottheit eine untere, chthonische Dreiheit (ähnlich dem dreiköpfigen Teufel bei DANTE) entspricht. Diese besteht in einem Prinzip, welches durch seine Symbolik Verwandtschaft mit dem Bösen verrät, obschon es keineswegs feststeht, daß sie nichts als das Böse ausdrücke. Vielmehr weist alles darauf hin, daß das Böse, resp. dessen geläufiges Symbol, mit zur Familie jener Figuren gehört, die das Dunkle, Nächtige, Untere, Chthonische beschreiben. Das Untere verhält sich in dieser Symbolik zum Oberen als eine Entsprechung[3] im Gegensatz, d. h. es wird, wie das Obere, als Dreiheit gefaßt.

Drei als männliche Zahl ist hier logischerweise dem bösen Jäger zugeordnet, den man (alchemistisch) als untere Dreiheit verstehen könnte. Die Vier dagegen, als weibliche Zahl, ist der Alten zugewiesen. Beide Pferde sind redende und wissende Wundertiere und stellen daher unbewußten

1 Hinsichtlich Quaternität muß ich auf meine früheren Arbeiten verweisen, insbesondere auf: Psychologie und Religion, Zürich 1940, und: Psychologie und Alchemie, 2. Aufl. 1952.

2 Die älteste mir bekannte Darstellung des Problems ist diejenige der vier Horussöhne, von denen gelegentlich drei mit Tierköpfen und einer mit einem Menschenkopf dargestellt sind. Chronologisch schließt sich daran die Ezechielvision der vier Gestalten, die dann in den vier Evangelistenattributen wiederkehren. Bekanntlich sind drei tierköpfig und einer hat einen Menschenkopf (der Engel).

3 Nach dem Satz der »Tabula Smaragdina«: »Quod est inferius, est sicut quod est superius.«

Geist dar, der aber in einem Fall dem bösen Zauberer und im andern der Hexe untergeordnet ist.

Zwischen der Dreiheit und der Vierheit besteht also zunächst der mann-weibliche Gegensatz, sodann ist die Vierheit ein Ganzheitssymbol, die Dreiheit aber nicht. Dafür bezeichnet letztere, nach Ausweis der Alchemie, eine Gegensätzlichkeit, indem die eine Dreiheit immer auch eine andere voraussetzt, wie das Oben ein Unten, das Helle ein Dunkles, das Gute ein Böses. Gegensatz bedeutet energetisch ein Potential, und wo sich ein Potential findet, da ist die Möglichkeit eines Ablaufes und eines Geschehens, denn die Spannung der Gegensätze strebt nach Ausgleich. Wenn man sich die Vierheit als Quadrat vorstellt und dasselbe durch eine Diagonale in zwei Hälften teilt, so entstehen zwei Dreiecke, deren Spitzen in entgegengesetzter Richtung zeigen. Man könnte daher metaphorisch sagen: wenn man die durch die Vierheit symbolisierte Ganzheit in gleiche Hälften teilt, so entstehen zwei Dreiheiten von entgegengesetzter Richtung. Wie nun diese einfache Überlegung die Dreiheit aus der Vierheit ableitet, so erklärt auch der Jäger der gefangenen Prinzessin, daß und wie sein Schimmel aus einem Vierbeiner zu einem Dreibeiner geworden ist, indem ihm die zwölf Wölfe einen Fuß abgerissen haben. Die Dreibeinigkeit des Schimmels verdankt ihr Dasein also einem Unglücksfall, der sich in jenem Augenblick ereignete, als das Pferd im Begriffe war, das Reich der dunkeln Mutter zu verlassen. In psychologischer Sprache ausgedrückt, würde das heißen, daß, wenn die unbewußte Ganzheit manifest wird, d. h. das Unbewußte verläßt und in die Sphäre des Bewußtseins übertritt, eines von den vieren zurückbleibt, zurückgehalten vom horror vacui des Unbewußten. Dadurch entsteht eine Dreiheit, welcher, wie wir nicht aus dem Märchen, sondern aus der Symbolgeschichte wissen, eine entgegengesetzte Dreiheit entspricht[1], d. h. es entsteht ein Konflikt. Auch hier könnte man also mit Sokrates fragen: »Eins, zwei, drei – aber der vierte, mein lieber Timaios, von denen, die gestern die Gäste waren und heute die Gastgeber sind, wo bleibt er uns denn[2]?« Er

1 Vgl. Psychologie und Alchemie, 2. Aufl. 1952, p. 163 u. 618, ausführlicher in »Der Geist Mercurius« in: Symbolik des Geistes, 2. Aufl., Zürich 1953.

2 Diese unerklärte Stelle wollte man einer »neckischen Laune« Platons zuschreiben.

blieb im Reiche der dunkeln Mutter, zurückgehalten von der wölfischen Gier des Unbewußten, das nichts aus seinem Bannkreis entlassen möchte, es sei denn, daß ein entsprechendes Opfer dafür gebracht werde.

Der Jäger, resp. der alte Zauberer und die Hexe entsprechen den negativen Elternimagines in der magischen Welt des Unbewußten. Der Jäger tritt in der Erzählung zunächst auf in der Gestalt eines schwarzen Raben. Er hat die Prinzessin geraubt und hält sie gefangen. Sie bezeichnet ihn als »Teufel«. Aber merkwürdigerweise ist er selber im *einen* verbotenen Raum des Schlosses eingesperrt und dort mit drei Nägeln an die Wand geheftet, d. h. soviel wie *gekreuzigt*. Er ist gefangen wie jeder Gefangenenwärter, und selber gebannt, wie jeder, der verflucht. Das Gefängnis beider ist ein Zauberschloß im Wipfel eines Riesenbaumes, wohl des Weltbaumes. Die Prinzessin gehört zur lichten Oberwelt in der Sonnennähe. Wenn sie geradezu auf dem Weltenbaum gefangensitzt, so ist sie wohl eine Art von anima mundi, welche in die Macht der Finsternis geraten ist. Dieser Fang scheint aber letzterer auch nicht gut bekommen zu sein, indem nämlich der Räuber gekreuzigt wird, und zwar mit drei Nägeln. Die Kreuzigung bedeutet offenkundig eine qualvolle Gebundenheit und Suspension, die Strafe für den Tollkühnen, der sich in die Sphäre des Gegenprinzipes wie ein Prometheus vorgewagt hat. Das hat der Rabe, der mit dem Jäger identisch ist, auch getan, denn er hat aus der lichten Oberwelt eine kostbare Seele gestohlen, und so wird er in der Ober- oder Überwelt zur Strafe an die Wand geheftet. Daß es sich hier um eine Spiegelung des christlichen Urbildes im Gegensatz handelt, dürfte wohl unverkennbar sein. Der Retter, der die Menschheitsseele von der Herrschaft des Herrn dieser Welt befreit hat, ist unten in der sublunaren Welt ans Kreuz geheftet, wie der diebische Rabe im himmlischen Wipfel des Weltbaumes für seinen Übergriff an die Wand genagelt wurde. Das unserm Märchen eigentümliche Instrument der Bannung ist die Dreiheit der Nägel. Wer den Raben gefangensetzte, ist im Märchen nicht gesagt. Es klingt aber, wie wenn es sich um einen Bannspruch im dreieinigen Namen gehandelt hätte.

Der Heldenjunge, der den Weltbaum erklettert hat und ins Zauberschloß eingedrungen ist, wo er die Prinzessin befreien soll, darf alle Zimmer betreten, nur eines nicht, nämlich jenes, in dem sich der Rabe befindet[1]. Wie von einem Baum im Paradies nicht gegessen werden soll, so darf auch das eine Zimmer nicht geöffnet werden, infolgedessen es natürlich eben erst recht betreten wird. Nichts wirkt so aufmerksamkeitserregend wie ein Verbot. Es ist sozusagen der sicherste Weg, um den Ungehorsam herauszufordern. Offenbar ist eine geheime Absicht am Werke, *nicht so sehr die Prinzessin, als vielmehr den Raben zu befreien.* Wie der Held des Raben ansichtig wird, fängt dieser an, jämmerlich zu schreien und über seinen *Durst* zu klagen[2], und der Junge, von der Tugend des Mitleids bewogen, letzt ihn nicht mit Ysop und Essig, sondern mit erquickendem Wasser, worauf alsbald die drei Nägel herausfallen und der Rabe durchs offene Fenster entfliegt. Damit ist der böse Geist wieder in Freiheit gesetzt, wandelt sich in den Jäger, raubt die Prinzessin zum zweiten Male und sperrt sie dieses Mal auf der Erde in seiner Jagdhütte ein. Die geheime Absicht entschleiert sich zum Teil: die Prinzessin sollte aus der Überwelt in die Menschenwelt gebracht werden, was ohne Mithilfe des bösen Geistes und des menschlichen Ungehorsams offenbar nicht möglich war.

Da aber auch in der Menschenwelt der Seelenjäger Herr über die Prinzessin ist, so muß der Held aufs neue eingreifen, indem er, wie wir schon erfahren haben, der Hexe den Vierbeiner ablistet und damit die dreibeinige Macht des

1 In dem Grimmschen Märchen (1912, Bd. I, 256, »Marienkind«) befindet sich im verbotenen Zimmer die »Dreieinigkeit«, was mir bemerkenswert erscheint.

2 Schon Aelian (Hist. Anim. 1. 4) berichtet, daß Apollon die Raben zum Durst verurteilt hat, weil ein zum Wasserholen geschickter Rabe zu lange verweilte. Im deutschen Folklore wird gesagt, daß der Rabe im Brachmonat oder August an Durst leiden müsse. Als Grund wird angegeben, daß er allein über Christi Tod nicht betrübt gewesen sei, oder daß er, als Noah ihn ausschickte, nicht zurückkehrte. (Fr. Panzer in Zeitschr. f. deutsche Mythologie, Bd. II, 171 und Reinhold Köhler: Kleinere Schriften zur Märchenforschung, Bd. I, 3.) Zu Rabe als Allegorie des *Bösen* siehe die erschöpfende Darstellung bei Hugo Rahner (Eranos-Jahrbuch 1945). Andererseits steht der Rabe in naher Beziehung zu Apollo als ihm geheiligtes Tier; ebenso kommt er auch in der Bibel in positiver Bedeutung vor: Psalm 147, 9:

»Der dem Getier seine Speise gibt,
Den jungen Raben, die zu ihm schreien.«

Hiob 38, 41:

»Wer bereitet dem Raben seine Speise,
Wenn seine Jungen zu Gott schreien?«

Ähnlich Luk. 12, 24. Als eigentliche »dienstbare Geister« erscheinen sie I. Könige 17, 5, wo sie Elias die tägliche Nahrung bringen.

Zauberers bricht. Die Dreiheit ist es, die den Raben bannt, und die Dreiheit ist zugleich auch die Macht des bösen Geistes. Das sind die beiden Dreiheiten, die entgegengesetzte Richtung haben.
In einem ganz andern Bereiche, nämlich in dem der psychologischen Erfahrung, wissen wir, daß drei von den vier Bewußtseinsfunktionen sich differenzieren, d. h. bewußt werden können; eine aber bleibt mit dem Mutterboden, dem Unbewußten, verbunden und wird als die inferiore resp. »minderwertige« Funktion bezeichnet. Sie bildet die Achillesferse auch des heroischsten Bewußtseins. Irgendwo ist der Starke schwach, der Gescheite dumm, der Gute schlecht usw., und das Umgekehrte ist auch wahr. Nach unserm Märchen erscheint die Dreiheit als eine verstümmelte Vierheit. Könnte man das eine Bein den drei andern beifügen, so entstünde die Ganzheit. So lautet auch das änigmatische *Axiom der Maria*: »aus dem Dritten wird das Eine (als) Viertes« (ἐκ τοῦ τρίτου τὸ ἓν τέταρτον), d. h. wohl: wenn aus dem Dritten das Vierte kommt, so entsteht damit auch zugleich die Einheit. Das eine, verloren gegangene Stück, das sich im Besitze der Wölfe der großen Mutter befindet, ist zwar nur ein Viertel, macht aber mit den drei zusammen jene Ganzheit aus, welche die Trennung und den Konflikt aufhebt.
Woher nun aber kommt es, daß das eine Viertel nach der Aussage der Symbolik ebenfalls eine Dreiheit ist? Hier läßt uns die Symbolik des Märchens im Stich, und wir sind gezwungen, zu den Tatsachen der Psychologie unsere Zuflucht zu nehmen. Ich habe vorhin gesagt, daß drei Funktionen differenziert werden können, und nur eine im Banne des Unbewußten verbleibt. Diese Feststellung muß noch präzisiert werden. Erfahrungsgemäß gelingt die Differenzierung nur annähernd bei *einer* Funktion, welche deshalb als die superiore oder Hauptfunktion bezeichnet wird und neben Extra- und Introversion den Typus der Bewußtseinseinstellung ausmacht. Dieser Funktion stehen eine oder zwei mehr oder weniger differenzierte Auxiliärfunktionen zur Seite, welche aber fast nie denselben Grad an Differenzierung, d. h. an willkürlicher Verwendungsfähigkeit erreichen. Sie besitzen daher einen höheren Grad an Spontaneität als die Hauptfunktion, die sich in hohem Maße als

zuverlässig und als unserer Absicht willfährig erweist. Die vierte, inferiore Funktion dagegen zeigt sich unserm Willen gegenüber als unzugänglich. Bald erscheint sie als Kobold mit neckischen Störungen, bald als deus ex machina. Immer aber kommt und geht sie sua sponte. Aus dieser Darlegung geht hervor, daß auch die differenzierten Funktionen nur zu einem Teil sich von der Verwurzelung im Unbewußten befreit haben, zu einem andern Teil aber noch im Unbewußten stecken und insoweit unter der Herrschaft des Unbewußten operieren. Den drei differenzierten Funktionen, welche dem Ich zur Verfügung stehen, entsprechen drei unbewußte Anteile, die sich vom Unbewußten noch nicht gelöst haben [1]. Und wie den drei bewußten und differenzierten Funktionsteilen eine vierte, undifferenzierte Funktion als mehr oder weniger peinlicher Störungsfaktor gegenübersteht, so scheint auch die superiore Funktion dem Unbewußten gegenüber der schlimmste Feind zu sein. Und eine besondere Finesse darf nicht unerwähnt bleiben: wie der Teufel sich gerne in einen Engel des Lichtes verkleidet, so beeinflußt in geheimer und tückischer Weise die inferiore am allermeisten die Hauptfunktion, wie letztere die erstere am meisten unterdrückt[2].

Diese leider etwas abstrakten Ausführungen sind nötig, um die listen- und andeutungsreichen Zusammenhänge unseres – wie man so zu sagen pflegt – »kindereinfachen« Märchens einigermaßen aufzuhellen. Die beiden gegensätzlichen Dreiheiten, die eine, welche den Bösen bannt, und die andere, welche seine Macht darstellt, entsprechen sozusagen haargenau der funktionalen Struktur unserer bewußten und unbewußten Psyche. Das Märchen als ein spontanes, naives und unreflektiertes Produkt der Seele kann wohl nicht anders als das aussprechen, was eben die Seele ist. Daher nun nicht etwa nur *unser* Märchen diese strukturellen psychischen Verhältnisse darstellt, sondern noch ungezählte andere Märchen [3] tun dasselbe.

1 In einem nordischen Märchen dargestellt als drei zu erlösende Prinzessinnen, die bis zum Hals in der Erde stecken.

2 Zur Funktionenlehre vgl.: Psychologische Typen, Neuauflage 1950.

3 Für den Laien auf diesem Gebiete möchte ich hier beifügen, daß die Strukturlehre der Psyche nicht etwa aus Märchen und Mythen abgeleitet wurde, sondern auf den Erfahrungen und Beobachtungen in dem Gebiete ärztlich-psychologischer Forschung beruht und erst sekundär ihre Bestätigung durch verglei-

Unser Märchen zeigt mit seltener Deutlichkeit einerseits die ganze Gegensätzlichkeit des Geistarchetypus, andererseits das verwirrende Zusammenspiel der Antinomien auf das eine große Ziel der höheren Bewußtwerdung hin. Der junge Schweinehirt, der aus animalischer Tiefe herauf den Riesenbaum der Welt erklettert und ganz oben in der lichten Überwelt seine Jungfrau Anima, die hochgeborene Prinzessin, entdeckt, symbolisiert den Aufstieg des Bewußtseins aus tiernahen Gebieten zu einem aussichtsreichen Höhepunkt, welcher die Vergrößerung des Bewußtseinshorizontes in besonders geeigneter Weise darstellt[1]. Hat das männliche Bewußtsein einmal diese Höhe erreicht, so tritt ihm dort seine weibliche Entsprechung, die Anima, entgegen[2]. Diese ist eine Personifikation des Unbewußten. Die Begegnung zeigt, wie ungeeignet die Bezeichnung des Unbewußten als »Unterbewußtsein« ist. Es ist nicht nur »unter dem Bewußtsein«, sondern auch darüber, ja es ist schon längst darüber, so daß der Held erst mühsam dazu emporklettern muß. Dieses »obere« Unbewußte ist aber keineswegs ein »Überbewußtsein« in dem Sinne, daß der, welcher es erlangt hat, wie unser Held, nun etwa ebenso hoch über dem »Unterbewußtsein« stünde, wie über der Erdoberfläche. Im Gegenteil, er macht die unangenehme Entdeckung, daß seine hohe und lichte Anima, die Prinzessin Seele, dort oben verhext ist und so unfrei wie ein Vogel in einem goldenen Käfig. Er kann sich zwar rühmen, über die Niederungen einer fast animalischen Dumpfheit emporgediehen zu sein, aber seine Seele ist in der Macht eines bösen Geistes, einer finsteren Vaterimago unterweltlicher Art in Gestalt eines Raben, dieser bekannten theriomorphen Figur des Teufels. Was nützt ihm seine Höhe und der weite Horizont, wenn seine geliebte Seele im Gefängnis schmachtet? Ja, sie macht sogar das Spiel der Unterwelt mit und will den Jungen anscheinend daran hindern, das Geheimnis ihrer Gefangenschaft zu entdecken, indem sie ihm

chende Symbolforschung in Gebieten gefunden hat, die dem Arzte zunächst sehr ferne lagen.

1 Es handelt sich um eine typische Enantiodromie: auf diesem Wege geht es nicht noch höher hinaus, sondern man muß nun auch die andere Seite seines Wesens realisieren und dazu hinuntersteigen.

2 Der Junge fragt sich beim Anblick des großen Baumes: »Wie mag es wohl sein, wenn du dir von seinem Wipfel aus die Welt beschaust?«

das Betreten des einen Zimmers verbietet. Heimlich aber führt sie ihn eben durch das Verbot doch dazu hin. Es ist, wie wenn das Unbewußte zwei Hände hätte, wovon die eine immer das Gegenteil der andern tut. Die Prinzessin möchte und möchte nicht befreit sein. Der böse Geist aber hat sich offenbar auch in eine Falle gelockt: er wollte sich eine schöne Seele der lichten Oberwelt rauben, was er als geflügeltes Wesen auch tun konnte, hatte aber nicht damit gerechnet, daß er dadurch selber in die Oberwelt gebannt würde. Er ist zwar ein finsterer Geist, hat aber Sehnsucht nach dem Licht. Das ist seine geheime Rechtfertigung, wie die Bannung die Strafe für den Übergriff bedeutet. Solange der böse Geist in der Oberwelt gefangen ist, kann auch die Prinzessin nicht auf die Erde hinunter, und der Held bleibt im Paradies verschwunden. Nun begeht er aber die Sünde des Ungehorsams, ermöglicht dadurch das Entkommen des Räubers und verursacht eine nochmalige Entführung der Prinzessin, also eine ganze Reihe schlimmer Folgen. Das Resultat aber ist, daß die Prinzessin auf die Erde kommt, und daß auch der teuflische Rabe die Menschengestalt des Jägers annimmt. Damit kommt die lichte, überweltliche Anima sowohl, wie das böse Prinzip in Menschennähe, d. h. beide werden in den menschlichen Diminutiv übersetzt und dadurch erreichbar. Das dreibeinige, alleswissende Pferd des Jägers stellt dessen eigentliche Macht dar. Es entspricht den unbewußten Anteilen der differenzierbaren Funktionen[1]. Der Jäger aber personifiziert die inferiore Funktion, die auch im Helden als dessen Neugier und Unternehmungslust sichtbar wird. Im weiteren Verlauf gleicht er sich dem Jäger sogar noch mehr an: wie dieser sich sein Roß von der Hexe holt, so unser Held. Aber zum Unterschied von letzterem hat der Jäger es versäumt, zwölf Lämmer zu gleicher Zeit mitzunehmen, um die zwölf Wölfe zu füttern, die ihm dann sein Pferd beschädigen. Er vergaß, den chthonischen Mächten den Tribut zu entrichten, weil er eben nichts ist als ein Räuber. Durch sein Versäumnis aber lernt

1 Das Allwissen der unbewußten Funktionsanteile ist natürlich eine Übertreibung. Tatsächlich verfügen diese aber oder – besser gesagt – sind sie beeinflußt von den subliminalen Wahrnehmungen und Erinnerungen sowie den instinktiven, archetypischen Inhalten des Unbewußten. Diese sind es, welche den unbewußten Tätigkeiten Informationen von unerwarteter Richtigkeit vermitteln.

der Held, daß nur gegen ein Opfer das Unbewußte seine Geburten entläßt[1]. Die Zwölfzahl ist hier wohl ein Zeitsymbol mit der Nebenbedeutung von zwölf Werken (ἆθλα)[2], die für das Unbewußte geleistet werden müssen, ehe man sich davon befreien kann[3]. Der Jäger erscheint wie ein erstmaliger, mißratener Versuch des Helden, mit Raub und Gewalt in den Besitz seiner Seele zu gelangen. Die Erlangung der Seele aber bedeutet in Wirklichkeit ein opus von Geduld, Opferwillen und Hingebung. Indem der Held das vierbeinige Pferd in seinen Besitz bringt, tritt er vollends an Stelle des Jägers und erjagt sich damit auch die Prinzessin. Die Vierheit erweist sich in unserer Erzählung als die größere Macht, denn sie integriert in ihrer Ganzheit jenes Stück, das dieser noch fehlte, um ganz zu sein.

Der Archetypus des Geistes ist in diesem – beiläufig gesagt – keineswegs primitiven Märchen theriomorph ausgedrückt als ein System von drei Funktionen, welches einer Einheit, dem bösen Geist, untergeordnet ist, so wie eine ungenannte Instanz mittelst einer Dreiheit von Nägeln den Raben gekreuzigt hat. Die in beiden Fällen übergeordnete Einheit entspricht in ersterem Fall der inferioren Funktion, die der unbewußte Widersacher der Hauptfunktion ist, also dem Jäger; in letzterem Fall der Hauptfunktion, also dem Helden. Held und Jäger gleichen sich schließlich aneinander an, so daß die Funktion des Jägers im Helden aufgeht. Ja, der Held selber steckt schon von Anfang im Jäger drin und veranlaßt diesen, mit allen ihm zu Gebote stehenden unmoralischen Mitteln den Raub der Seele zu vollziehen und sie sozusagen gegen seinen eigenen Willen allmählich dem Helden in die Hand zu spielen. An der Oberfläche herrscht wilder Kampf zwischen beiden, im Hintergrund aber besorgt der eine des andern Geschäft. Die Lösung des Knotens erfolgt in jenem Moment, wo es dem Helden gelingt, die Vierheit zu erobern, d. h. psychologisch: die inferiore Funktion in das Dreiersystem aufzunehmen. Damit ist der Kon-

1 Der Jäger hat seine Rechnung ohne den Wirt gemacht, wie dies meistens geschieht. Man denkt selten oder nie an die Kosten, welche die Tätigkeit des Geistes verursacht.

2 Vgl. Heraklesmythus.

3 Die Alchemisten betonen die lange Dauer des Werkes und sprechen von »longissima via«, »diuturnitas immensae meditationis« usw. Die Zwölfzahl dürfte mit dem Kirchenjahr, in welchem das Erlösungswerk Christi abläuft, zusammenhängen. Das Lammopfer wird wohl auch aus dieser Quelle stammen.

flikt mit einem Schlag beendet, und die Gestalt des Jägers verflüchtigt sich ins Nichts. Nach diesem Sieg setzt der Held seine Prinzessin auf das dreibeinige Pferd und reitet mit ihr in das Königreich ihres Vaters. Sie leitet und personifiziert nunmehr jene Region des Geistes, die zuvor dem bösen Jäger diente. Die Anima ist und bleibt also die Vertreterin jenes Teiles des Unbewußten, der nie und nimmer in eine menschlich erreichbare Ganzheit aufgenommen werden kann.

Nachtrag

Erst nach Abschluß meines Manuskriptes wurde ich von befreundeter Seite auf eine russische Variante unseres Märchens aufmerksam gemacht. Es hat den Titel: Mária Moréwna [1]. Der Held der Geschichte ist kein Schweinehirt, sondern Iwán Zaréwitsch. Für die drei hilfreichen Tiere gibt es hier eine interessante Erklärung: sie bilden eine Entsprechung zu den drei Schwestern Iwáns und deren Männern, die eigentlich Vögel sind. Die drei Schwestern stellen eine unbewußte Funktionstriade dar, welche mit dem Tier-, resp. geistigen Reich in Beziehung steht. Die Vogelmenschen sind eine Art Engel und betonen die auxiliäre Natur der unbewußten Funktionen. In der Geschichte greifen sie denn auch in jenem entscheidenden Moment rettend ein, wo der Held (unähnlich der deutschen Variante) in die Gewalt des bösen Geistes gerät und von diesem getötet und *zerstückelt* wird (ein typisches Schicksal des Gottmenschen!) [2]. Der böse Geist ist ein Greis, oft nackt dargestellt und heißt Koschtschéj Bessmértnoi (Koschtschéj [3], der Unsterbliche). Die entsprechende Hexe ist die bekannte Bába-Jagá. Die drei hilfreichen Tiere der deutschen Variante sind hier verdoppelt, einmal die Vogelmenschen, sodann der Löwe, der fremde Vogel und die Bienen. Die Prinzessin ist hier die Königin Mária Moréwna, eine große Heerführerin (Maria, die Himmelskönigin, wird im russisch-orthodoxen Hymnus als »Heerführerin« gepriesen!), welche in ihrem Schlosse,

1 Tochter des Meeres.
2 Der Alte tut die zerstückelte Leiche in ein Faß, *das er ins Meer wirft*, was an das Schicksal des Osiris (Kopf und Phallus!) erinnert.
3 Von kosth = Knochen und pakosth, kaposth = ekelhaft, schmutzig.

im verbotenen Zimmer, den bösen Geist an zwölf Ketten gefesselt hält. Als Iwán dem Alten den Durst stillt, raubt dieser die Königin. Die magischen Reittiere verwandeln sich am Schlusse *nicht* in Menschen. Das russische Märchen hat einen ausgesprochen primitiveren Charakter.

5. Anhang

Die hier folgenden Ausführungen beanspruchen insofern kein allgemeines Interesse, als sie im wesentlichen technisch sind. Ich wollte sie bei dieser Neuausgabe zuerst unterdrücken, habe mich aber dann anders besonnen und sie in einem Anhang beigefügt. Der nicht speziell psychologisch interessierte Leser kann diesen Abschnitt ruhig überschlagen. Ich habe nämlich im folgenden das anscheinend abstruse Problem der Drei- und Vierbeinigkeit der magischen Pferde behandelt und dabei meine Überlegungen so dargestellt, daß die dabei befolgte Methode sichtbar wird. Dieses psychologische Raisonnement beruht einerseits auf den irrationalen Gegebenheiten des Stoffes, d. h. des Märchens, Mythus oder Traumes, andererseits auf der Bewußtmachung der »latenten« rationalen Beziehungen der Gegebenheiten zueinander. Daß solche Beziehungen überhaupt existieren, ist zunächst eine Hypothese, wie z. B. diejenige, welche besagt, daß Träume einen Sinn haben. Die Wahrheit dieser Annahme steht nicht a priori fest. Ihr Nutzen kann sich nur durch ihre Anwendung ergeben. Es ist darum zunächst abzuwarten, ob ihre methodische Applikation an das irrationale Material eine sinnvolle Deutung desselben ermöglicht. Ihre Anwendung besteht darin, daß dasselbe so angesprochen wird, als ob es einen sinnvollen inneren Zusammenhang besäße. Zu diesem Zwecke bedürfen die meisten Gegebenheiten einer gewissen Amplifikation, d. h. einer gewissen Verdeutlichung, Generalisierung und Annäherung an einen mehr oder weniger allgemeinen Begriff entsprechend der Cardanischen Deutungsregel. So muß z. B. die Dreibeinigkeit, um erkennbar zu werden, zunächst vom Pferde gesondert und ihrem eigenen Prinzip, nämlich der Dreiheit, angenähert werden. Die im Märchen erwähnte Vierbeinigkeit tritt auf der erhöhten Stufe des allgemeinen Begriffes ebenfalls in Beziehung zur Dreiheit, woraus sich das Rätsel des *Timaios*, nämlich das *Problem von Drei und Vier*, ergibt. Triade und Tetrade stellen archetypische Strukturen dar, welche in der allgemeinen Symbolik eine bedeutende Rolle spielen und gleichermaßen für die Mythen- wie für die Traumforschung wichtig sind. Die Erhebung der irrationalen Gegebenheit (nämlich der Drei- und Vierbeinigkeit) auf die Stufe eines allgemeinen Anschauungsbegriffes läßt die universale Bedeutung des Motivs auf der Bildfläche erscheinen und verleiht dem nachdenkenden Verstande den Mut, das Argument ernsthaft in Angriff zu nehmen. Diese Aufgabe involviert eine Reihe von Überlegungen und Schlußfolgerungen technischer Natur, die ich dem psychologisch interessierten Leser und insbesondere dem Fachmann nicht vorenthalten möchte, um so weniger als diese Verstandesarbeit für die Auflösung von Symbolen überhaupt typisch und zum Verständnis der Produkte des Unbewußten unerläßlich ist. Nur auf diese Weise kann der Sinn unbewußter Zusammenhänge aus diesen selber erarbeitet werden, im Gegensatz zu jenen deduktiven Deutungen, die aus einer vorausgesetzten Theorie hervorgehen, wie z. B. die astro- und meteoromythologischen und – last not least – die sexualtheoretischen Interpretationen.

Das dreibeinige und das vierbeinige Pferd bilden in der Tat eine geheimnisvolle Angelegenheit, welche einer genaueren Untersuchung würdig ist. Die Drei und die Vier erinnern nicht nur an jenes Dilemma der psychologischen Funktionenlehre, sondern auch an jenes *Axiom der Maria Prophetissa*, das in der Alchemie eine beträchtliche Rolle spielt. Es dürfte sich daher lohnen, etwas näher auf die Bedeutung der beiden Wunderpferde einzutreten.

Es scheint mir vor allem beachtenswert, daß der Dreibeiner der Prinzessin einerseits als Reittier zugeordnet, und andererseits selber eine Stute und zugleich eine verzauberte Prinzessin ist. Die Dreiheit verbindet sich hier unzweideutig mit der Weiblichkeit, während sie in der dominierenden religiösen Ansicht des Bewußtseins eine exquisit männliche Angelegenheit darstellt, ganz abgesehen davon, daß drei als ungerade Zahl sowieso männlich ist. Man könnte daher die Dreiheit direkt als »Männlichkeit« übersetzen, welch

letztere in der altägyptischen Drei-Einigkeit von Gott – Ka-Mutef[1] – Pharao noch eindrücklicher ist.
Die Dreibeinigkeit als Eigenschaft eines Tieres bedeutet eine dem weiblichen Wesen unbewußt innewohnende Männlichkeit. Bei der wirklichen Frau entspräche ihr der Animus, der, wie das Zauberpferd, »Geist« darstellt. Bei der Anima hingegen koinzidiert die Dreiheit nicht etwa mit einer christlichen Trinitätsvorstellung, sondern mit dem »unteren Dreieck«, der inferioren Funktionstriade, welche den sogenannten »Schatten« ausmacht. Die inferiore Persönlichkeitshälfte ist meistens und größtenteils unbewußt. Sie bedeutet nicht das ganze Unbewußte, sondern nur dessen persönlichen Ausschnitt. Die Anima hingegen, insofern sie vom Schatten unterschieden wird, personifiziert das kollektive Unbewußte. Ist ihr die Dreiheit als Reittier zugeordnet, so will das bedeuten, daß sie den Schatten »reitet«, d. h. sich als Mare[2] zu ihm verhält. In diesem Fall possediert sie den Schatten. Ist sie selber aber das Pferd, so hat sie ihre dominierende Stellung als Personifikation des kollektiven Unbewußten verloren und ist als Reittier von der Prinzessin A, der Gemahlin des Helden, »geritten«, d. h. possediert. Sie ist als Prinzessin B, wie das Märchen richtig sagt, in den Dreibeiner verzaubert.
Diese etwas verworrene Angelegenheit läßt sich folgendermaßen auflösen:
1. Prinzessin A ist die Anima[3] des Helden. Sie reitet, d. h. possediert den Dreibeiner, den Schatten, d. h. die inferiore Funktionstriade ihres späteren Gemahls. Etwas einfacher ausgedrückt heißt das, daß sie die inferiore Persönlichkeitshälfte des Helden mit Beschlag belegt hat. Sie hat ihn von seiner schwachen Seite aus erwischt, wie solches im gewöhnlichen Leben häufig der Fall ist, denn wo man schwach ist, braucht man die Stütze und Ergänzung. An der schwachen Seite des Mannes ist die Frau sogar an der richtigen und sinngemäßen Stelle. So müßte man wohl die Situation for-

1 Ka-Mutef bedeutet »Stier seiner Mutter«. Siehe H. Jacobsohn: Die dogmatische Stellung des Königs in der Theologie der alten Ägypter. Ägypt. Forsch. Herausg. v. A. Scharff, 1939. H. 8, p. 17, 35, 41 ff.
2 Vgl. Wandlungen u. Symbole der Libido, p. 243 ff. u. 398, bzw. Neuaufl. 1952: Symbole der Wandlung, p. 427 ff. u. 725 f.
3 Daß sie kein gewöhnliches Mädchen, sondern eine königliche Person und erst noch electa des bösen Geistes ist, beweist ihre nicht menschliche, sondern mythologische Natur. Ich muß den Begriff der Anima als bekannt voraussetzen.

mulieren, wenn man den Helden und Prinzessin A als zwei gewöhnliche Personen betrachtete. Da die Geschichte aber wunderbar ist und sich hauptsächlich in der Welt des Magischen abspielt, so ist die Deutung der Prinzessin A als Anima des Helden wohl richtiger. In diesem Falle ist der Held durch sein Zusammentreffen mit der Anima der profanen Welt entrückt wie Merlin durch seine Fee, d. h. als gewöhnlicher Mensch ist er einer, der, in einem wundersamen Traum gefangen, die Welt nur noch wie durch einen Nebel sieht.

2. Nun kompliziert sich die Sachlage erheblich durch den unerwarteten Umstand, daß der Dreibeiner seinerseits weiblich, d. h. eine Entsprechung der Prinzessin A darstellt. Er ist die Prinzessin B. Diese entspräche in ihrer Pferdegestalt dem Schatten der Prinzessin A (also ihrer inferioren Funktionstriade). Prinzessin B unterscheidet sich aber von Prinzessin A dadurch, daß sie nicht wie diese das Pferd reitet, sondern in diesem enthalten, resp. in dieses verhext und damit unter die Herrschaft einer männlichen Dreiheit geraten ist. Sie ist also von einem Schatten besessen.

3. Die Frage ist nun: von wessen Schatten ist sie besessen? Es kann nicht der Schatten des Helden sein, denn dieser ist schon von seiner (des Helden) Anima in Besitz genommen. Das Märchen gibt uns die Antwort, daß es der Jäger, resp. Zauberer sei, der sie verhext hat. Wie wir gesehen haben, steht der Jäger in einem gewissen Zusammenhang mit dem Helden, indem letzterer sich allmählich an dessen Stelle setzt. Man könnte daher auf die Vermutung kommen, daß der Jäger im Grunde genommen nichts anderes sei, als der Schatten des Helden. Dieser Auffassung widerspricht nun aber die Tatsache, daß der Jäger eine bedeutende Macht repräsentiert, die sich nicht nur auf die Anima des Helden, sondern noch viel weiter erstreckt, nämlich auch auf das königliche Bruder-Schwester-Paar, von dessen Existenz der Held und seine Anima keine Ahnung haben, und die auch im Märchen selber sehr unvermittelt erscheinen. Die Macht, welche weiter als der Bannkreis eines Einzelnen reicht, hat *überindividuellen* Charakter und kann daher nicht mit dem Schatten identifiziert werden, insofern wir diesen als die dunkle Persönlichkeitshälfte des Einzelnen auffassen und definieren. Als überindividueller Faktor ist

das Numen des Jägers jene Dominante des kollektiven Unbewußten, welche vermöge ihrer Characteristica, wie Jäger, Zauberer, Rabe, Wunderpferd, Kreuzigung resp. Suspension im Wipfel des Weltbaumes[1] insbesondere die germanische Seele angeht. Der Widerschein der christlichen Weltanschauung im Meere des Unbewußten nimmt daher folgerichtigerweise die Züge Wotans an[2]. Wir stoßen in der Figur des Jägers auf eine imago dei, ein Gottesbild, denn Wotan ist auch ein Wind- und Geistgott, daher ihn die Römer passend als *Merkur* deuteten.

4. Der Prinz und seine Schwester, Prinzessin B, sind also vom heidnischen Gotte in Besitz genommen und in Pferde verwandelt, d. h. in die tierische Sphäre hinuntergedrückt worden. Letztere entspricht dem Unbewußten. Die beiden in ihrer eigentlichen Menschengestalt gehörten demnach einmal dem Reiche des kollektiven Bewußtseins an. Wer sind sie aber?

Zur Beantwortung dieser Frage müssen wir von der Tatsache ausgehen, daß die beiden unzweifelhaft eine Entsprechung zum Helden und zur Prinzessin A darstellen. Beide stehen mit letzteren auch dadurch in Zusammenhang, daß sie als deren Reittiere dienen, mithin als deren untere, animalische Hälften erscheinen. Das Tier in seiner fast gänzlichen Unbewußtheit ist seit jeher das Symbol jener psychischen Sphäre im Menschen, welche in der Dunkelheit des körperlichen Trieblebens verborgen ist. Der Held reitet auf dem Hengst, der durch die gerade (weibliche) Zahl (4) gekennzeichnet ist; Prinzessin A auf der Stute, welche nur drei Beine (also eine männliche Zahl) hat. Durch diese Zahlen wird es offenbar, daß mit der Verwandlung in die Tiere auch eine gewisse Änderung im Geschlechtscharakter einge-

1 »Ich weiß, wie ich hing am windigen Baum
Neun ewige Nächte,
Vom Speere verwundet, dem Wodan geweiht:
Ich selber geweiht mir selber,
An jenem Baume, der jedem verbirgt,
Wo er den Wurzeln entwachsen.«

Hâvamâl Vers 139 ff.

2 Vgl. das von Nietzsche geschilderte Gotteserlebnis in »Klage der Ariadne«:
»– dein Wild nur bin ich,
Grausamster Jäger!
Deine stolzeste Gefangne,
Du Räuber hinter Wolken ...«

Gedichte und Sprüche von Friedrich Nietzsche, 1898, p. 155 ff.

treten ist: der Hengst hat ein weibliches Attribut, die Stute ein männliches. Dieses Ergebnis wird durch die Psychologie bestätigt: In dem Maße nämlich, in welchem ein Mann vom (kollektiven) Unbewußten überwältigt wird, tritt nicht nur seine Triebsphäre hemmungsloser in Erscheinung, sondern auch ein gewisser weiblicher Charakter, den ich als »Anima« zu bezeichnen vorgeschlagen habe. Gerät dagegen eine Frau unter die Herrschaft des Unbewußten, so tritt die dunklere Seite ihrer weiblichen Natur verbunden mit ausgesprochen männlichen Zügen stärker hervor. Letztere werden unter dem Begriff »Animus« zusammengefaßt[1].

5. Nach der Aussage des Märchens ist aber die Tierform des Bruder-Schwester-Paares uneigentlich und verdankt ihr Dasein der zauberischen Einwirkung des heidnischen Jägergottes. Wären sie nichts als Tiere, so könnten wir uns wohl mit obiger Deutung begnügen. Dabei würden wir allerdings die merkwürdige Andeutung der Veränderung im Geschlechtscharakter mit unberechtigtem Stillschweigen übergehen. Der Schimmel ist aber kein gewöhnliches Pferd, sondern ein Wundertier mit *übernatürlichen* Eigenschaften. Die menschliche Figur, aus der das Tier durch Verzauberung entstanden ist, muß daher ebenfalls den Charakter der Übernatürlichkeit an sich haben. Das Märchen bemerkt dazu allerdings nichts. Aber wenn unsere Annahme zu Recht besteht, daß die Tierform der beiden dem untermenschlichen Bestandteil des Helden und der Prinzessin entspricht, dann ergibt es sich, daß die menschliche Form einem übermenschlichen Bestandteil derselben gleichkommt. Die Übermenschlichkeit des ursprünglichen Schweinehirten offenbart sich darin, daß er zum Helden, d. h. soviel wie zu einem Halbgott wird, indem er nicht bei seinen Schweinen bleibt, sondern den Weltbaum erklettert, wo er beinahe wie Wotan zum Gefangenen desselben wird. Ebenso könnte er sich nicht dem Jäger angleichen, wenn er nicht, wie wir gesehen haben, eine gewisse Ähnlichkeit mit diesem besäße. Gleicherweise bedeutet die Gefangenschaft der Prinzessin A im Wipfel des Weltbaumes eine gewisse *Erwähltheit* derselben, und insofern sie das Bett des Jägers teilt, wie das Märchen berichtet, ist sie sogar Gottesbraut.

1 Vgl. dazu Emma Jung: »Ein Beitrag zum Problem des Animus«, in: Wirklichkeit der Seele. Psychol. Abh. IV, herausg. von C. G. Jung. 1934, p. 296 ff.

Die außergewöhnlichen, ans Übermenschliche streifenden Kräfte des Heldentums und der Erwähltheit sind es, welche zwei gewöhnliche Menschenkinder in übermenschliches Schicksal verwickeln. Im profanen Bereich wird dadurch ein Schweinehirt König und eine Prinzessin bekommt einen ihr zusagenden Mann. Da es aber für das Märchen nicht bloß eine profane, sondern auch eine magische Welt gibt, so ist mit dem menschlichen Schicksal noch nicht alles gesagt. Es wird darum nicht unterlassen, auch das anzudeuten, was in der magischen Welt geschieht. Auch dort sind ein Prinz und eine Prinzessin in die Gewalt des bösen Geistes geraten, und dieser selber befindet sich in einer recht übeln Lage, aus der er sich ohne fremde Hilfe nicht mehr befreien kann. Damit ist das menschliche Schicksal, das dem Jungen und der Prinzessin A zustößt, auf der Stufe der magischen Welt parallelisiert. Insofern aber der Jäger als ein heidnisches Gottesbild sich noch über die Welt der Heroen und Göttergeliebten erhebt, so reicht der Parallelismus noch über das bloß Magische hinaus in einen göttlichen und geistigen Bereich, wo der böse Geist, der Teufel oder wenigstens ein Teufel der Bannung durch ein mindestens ebenso oder vielleicht noch mächtigeres Gegenprinzip, das durch die drei Nägel angedeutet ist, verfällt. Diese höchste Gegensatzspannung, von welcher das ganze Drama seinen Ausgang nimmt, ist offenbar der Konflikt zwischen der oberen und der unteren Dreiheit oder, weltanschaulich ausgedrückt, zwischen dem christlichen Gott einerseits und dem Teufel, der die Züge Wotans[1] angenommen hat, andererseits.

6. Es scheint, daß wir von dieser höchsten Instanz auszugehen haben, wenn wir das Märchen richtig verstehen wollen, denn der erste Grund zum Drama besteht in dem allem andern vorausgegangenen Übergriff des bösen Geistes. Die nächste Folge ist seine Kreuzigung. In seiner qualvollen Lage braucht er fremde Hilfe, die, da sie nicht von oben kommt, nur von unten herbeigerufen werden kann. Ein Hirtenjunge besitzt die ebenso tollkühne wie knabenhafte Unternehmungslust und Neugierde, den Weltbaum zu erklettern. Wäre er heruntergefallen und hätte er sich alle

1 Zur Dreiheit Wotans vgl. Ninck: Wodan und Germanischer Schicksalsglaube, 1935, p. 142. Sein Pferd wird u. a. auch als dreibeinig bezeichnet.

Knochen gebrochen, so hätten die Leute wohl gesagt: welcher böse Geist hat ihm diese Narretei eingegeben, gerade auf einen solchen Riesenbaum zu steigen! Und in der Tat hätten sie nicht unrecht gehabt, denn das war gerade das, was der böse Geist unbedingt brauchte. Die Gefangennahme der Prinzessin A war ein Übergriff in der profanen Welt, und die Verzauberung des, wie wir vermuten dürfen, halbgöttlichen Bruder-Schwester-Paares war ein ebensolcher in der magischen Welt. Wir wissen es zwar nicht, aber es ist möglich, daß diese Freveltat der Verhexung der Prinzessin A sogar zeitlich voranging. Auf alle Fälle beweisen beide Fälle ein Übergreifen des bösen Geistes in die magische Welt sowohl wie in die profane.

Es ist wohl nicht ohne tieferen Sinn, daß der Befreier oder Erlöser gerade ein Schweinehirt ist, wie der *verlorene Sohn.* Er kommt aus dem Untersten und hat dies gemein mit der seltsamen Erlöservorstellung der Alchemisten. Seine erste Befreiungstat ist die *Erlösung des bösen Geistes aus der über diesen verhängten göttlichen Strafe.* Von dieser Tat aus, als erster Stufe der Lysis, löst sich die dramatische Verwicklung überhaupt.

7. Die Moral dieser Geschichte ist in der Tat höchst seltsam. Das Ende befriedigt insofern, als der Hirt und die Prinzessin A Hochzeit feiern und zum Königspaare werden. Prinz und Prinzessin B feiern ebenfalls ihre Hochzeit, aber nach archaischer Königsprärogative als Inzest, was einigen Anstoß erregen dürfte, aber als eigentümliche Gepflogenheit in Halbgötterkreisen hingenommen werden muß [1]. Was geschieht aber mit dem bösen Geist, mit dessen Befreiung von gerechter Strafe das ganze Drama angehoben hat? Der böse Jäger wird von den Rossen zertrampelt, was aber dem Geiste vermutlich keinen dauernden Schaden zufügt. Er verschwindet anscheinend spurlos; jedoch nur anscheinend, indem er trotz alledem seine Spur hinterläßt, nämlich ein schwer erkauftes Glück in der profanen sowohl wie in der magischen Welt. Die Vierheit, dargestellt durch den Hirten

1 Daß es sich hier um ein Bruder-Schwester-Paar handelt, ist eine Annahme, die sich auf die Tatsache stützt, daß der Hengst die Stute mit »Schwesterchen« anredet. Das kann einerseits bloße Redensart sein, andererseits aber meint »Schwesterchen« eben doch Schwester, ob dies nun eigentlich oder uneigentlich sei. Überdies spielt der Inzest in der Mythologie sowohl wie in der Alchemie eine bedeutende Rolle.

und Prinzessin A einerseits und Prinz und Prinzessin B andererseits, hat sich wenigstens zur Hälfte geeint und fest verbunden: es stehen sich jetzt zwei Ehepaare gegenüber, die einander zwar parallel, aber sonst voneinander getrennt sind, indem das eine Paar der profanen, das andere der magischen Welt angehört. Trotz dieser unzweifelhaften Trennung bestehen aber, wie wir gesehen haben, geheime psychologische Beziehungen zwischen ihnen, die es uns erlauben, das eine Paar von dem andern abzuleiten.

Im Geiste des Märchens gesprochen, welches sein Drama an höchster Stelle beginnen läßt, müßte man sagen, daß die Halbgötterwelt der profanen vorausgehe und diese gewissermaßen aus sich erzeuge, wie erstere als aus der Götterwelt hervorgegangen gedacht werden muß. So aufgefaßt bedeuten Hirt und Prinzessin A nichts anderes als irdische Abbilder von Prinz und Prinzessin B, wie diese ihrerseits wiederum Abkömmlinge göttlicher Vorbilder wären. Vergessen wir nicht, daß zum Jäger die pferdezüchtende Hexe gehört als weibliches Gegenstück, so etwas wie eine alte Epona (die keltische Pferdegöttin). Leider wird nicht berichtet, wie die Verzauberung in Pferde geschah. Daß aber die Hexe dabei ihre Hand im Spiele hatte, geht daraus hervor, daß beide Schimmel aus ihrem Stalle stammen und daher gewissermaßen ihre Erzeugnisse sind. Der Jäger und die Hexe bilden ein Paar, das der Widerschein eines göttlichen Elternpaares im nächtlich-chthonischen Teil der magischen Welt ist. Das göttliche Paar ist unschwer in der christlichen Zentralvorstellung von sponsus et sponsa, Christus und der bräutlichen Kirche, zu erkennen.

Wollte man das Märchen personalistisch erklären, so würde dieser Versuch an der Tatsache scheitern, daß die Archetypen nicht Willkürerfindungen, sondern autonome Elemente der unbewußten Psyche und vor aller Erfindung schon da sind. Sie stellen die unveränderliche Struktur einer psychischen Welt dar, die durch ihre determinierenden Wirkungen auf das Bewußtsein zeigt, daß sie »wirklich« ist. So ist es eine bedeutsame psychische Wirklichkeit, daß dem Menschenpaar [1] ein anderes Paar im Unbewußten entspricht, wobei letzteres nur anscheinend eine Spiegelung des ersteren ist. Das königliche Paar ist in Wirklichkeit stets

1 Insofern die Anima durch eine menschliche Person ersetzt ist.

und überall a priori, und darum bedeutet das Menschenpaar weit eher eine individuelle, zeitlich-räumliche Konkretisierung des ewigen Urbildes, wenigstens in seiner geistigen Struktur, die dem biologischen Kontinuum aufgeprägt ist.

So könnte man wohl sagen, daß der Schweinehirt eben diesen animalischen Menschen darstellt, dem irgendwo in der Überwelt eine Partnerin zugesellt ist. Durch ihre königliche Geburt beweist sie ihren Zusammenhang mit dem a priori existierenden halbgöttlichen Paar. Unter diesem Gesichtswinkel betrachtet, stellt letzteres all das dar, zu dem der Mensch noch werden kann, wenn er nur weit genug am Weltenbaum hinaufklettert [1]. Denn in dem Maße, als der junge Hirt sich seiner hochgeborenen, weiblichen Hälfte bemächtigt, nähert er sich auch dem halbgöttlichen Paar an und erhebt sich in die Sphäre des Königtums, d. h. der Allgemeingültigkeit. In jenem Zwischenspiel, das sich in der »Chymischen Hochzeit« des CHRISTIAN ROSENCREUTZ findet, begegnen wir demselben Motiv: Der Königsohn muß seine königliche Braut zuerst aus der Gewalt eines *Mohren* befreien, dem sie sich *freiwillig* als Konkubine zugesellt hat. Der Mohr stellt dort die alchemische Nigredo dar, in welcher die Arkansubstanz verborgen ist; welcher Gedanke eine weitere Parallele unseres Mythologems, d. h., psychologisch ausgedrückt, eine weitere Variante dieses Archetypus bildet.

Wie die Alchemie, so beschreibt auch unser Märchen jene unbewußten Vorgänge, welche die christliche Bewußtseinslage kompensieren. Es schildert das Wirken eines Geistes, welcher die christlichen Gedanken über die von der kirchlichen Auffassung gesetzten Grenzen weiterspinnt, um eine Antwort zu finden auf jene Fragen, welche weder Mittelalter noch Neuzeit beantworten konnten. Es ist ja nicht schwer zu sehen, daß im Bilde des zweiten königlichen Paares eine Entsprechung zur kirchlichen Vorstellung von Bräutigam und Braut und im Bilde von Jäger und Hexe eine Verzerrung des christlichen Gedankens in der Richtung

1 Der große Baum entspricht der arbor philosophica der Alchemie. Die Begegnung des irdischen Menschen mit der aus der Krone herunterkommenden Anima in Melusinengestalt ist z. B. in der Ripley Scroll dargestellt. Siehe: Psychologie und Alchemie, 2. Aufl. 1952, p. 617.

eines noch bestehenden, unbewußten Wotanismus vorliegt. Daß es sich um ein *deutsches* Märchen handelt, macht die Sache besonders interessant, insofern derselbe Wotanismus dem Nationalsozialismus psychologisch zu Gevatter gestanden hat [1]. Letzterer hat die Verzerrung nach unten der Welt deutlich vor Augen geführt. Andererseits aber zeigt das Märchen, daß die Erreichung der Totalität im Sinne einer Ganzwerdung des Menschen nur durch die Einbeziehung des dunkeln Geistes möglich ist, ja daß dieser letztere sogar eine causa instrumentalis der erlösenden Individuation darstellt. In völligster Verkehrung dieses nicht nur von der Natur erstrebten, sondern auch von der christlichen Doktrin präfigurierten Zieles der geistigen Entwicklung hat der Nationalsozialismus die sittliche Autonomie des Menschen zerstört und die widersinnige Totalität des Staates aufgerichtet. Das Märchen hingegen zeigt, wie zu verfahren ist, wenn man die Macht des dunkeln Geistes überwinden will: man muß dessen Methoden gegen ihn selber anwenden; was natürlich nicht geschehen kann, wenn jene magische Unterwelt des finstern Jägers unbewußt bleibt und die Besten der Nation lieber Lehr- und Glaubenssätze predigen als die menschliche Seele ernst nehmen.

6. Schlußwort

Wenn wir den Geist in seiner archetypischen Form, wie er uns im Märchen und in den Träumen erscheint, betrachten, so ergibt sich ein Bild, das seltsam verschieden ist von der in so viele Bedeutungen aufgespaltenen bewußten Idee des Geistes. Geist ist ursprünglich ein Geist in Menschen- oder Tiergestalt, ein Daimonion, das dem Menschen gegenübertritt. Aber unser Material läßt bereits Spuren der Bewußtseinserweiterung erkennen, welche allmählich jenes ursprünglich unbewußte Gebiet zu okkupieren beginnt und jene Daimonia zum Teil in Willkürakte verwandelt. Der Mensch erobert sich nicht nur die Natur, sondern auch den Geist, ohne sich zu vergegenwärtigen, was er damit tut. Dem aufgeklärten Verstand erscheint es wie eine Berichtigung, wenn er erkennt, daß das, was er für Geister hielt, des Menschen und schließlich sein eigener Geist ist. All das

1 Vgl. meine »Aufsätze zur Zeitgeschichte«. 1946.

Übermenschliche im Guten wie im Bösen, das frühere Zeiten von den Daimonia aussagten, wird wie eine Übertreibung auf »vernünftiges« Maß reduziert, und damit scheint alles in bester Ordnung zu sein. Aber waren die übereinstimmenden Überzeugungen der Vergangenheit wirklich und gewiß nur Übertreibungen? Waren es keine, so bedeutete die Integration des menschlichen Geistes nichts weniger als eine Dämonisierung desselben, indem übermenschliche Geisteskräfte, die ehedem in der Natur gebunden lagen, in das menschliche Wesen hineingenommen werden und diesem eine Macht verleihen, welche die Grenzen des Menschseins in gefährlichster Weise in das Unbestimmte hinausverlegt. Ich muß dem aufgeklärten Rationalisten die Frage vorlegen: Hat seine vernünftige Reduktion zu einer wohltätigen Beherrschung der Materie und des Geistes geführt? Er wird stolz auf die Fortschritte der Physik und der Medizin, auf die Befreiung des Geistes von mittelalterlicher Dumpfheit und als wohlmeinender Christ auf die Erlösung von der Dämonenangst hinweisen. Wir fragen aber weiter: Wozu haben alle sonstigen Kulturerrungenschaften geführt? Die furchtbare Antwort liegt vor unsern Augen: Man ist von keiner Angst erlöst, ein finsterer Alpdruck liegt auf der Welt. Die Vernunft hat bis jetzt kläglich versagt, und gerade das, was alle vermeiden wollen, geschieht in schauerlicher Progression. Gewaltiges an Nützlichem hat sich der Mensch errungen, dafür aber hat er auch den Abgrund der Welt aufgerissen, und wo wird er, wo kann er noch haltmachen? Man hat nach dem letzten Weltkrieg auf die Vernunft gehofft; man hofft jetzt wieder. Aber schon ist man von den Möglichkeiten der Uranspaltung fasziniert und verspricht sich ein goldenes Zeitalter – beste Gewähr dafür, daß der Greuel der Verwüstung ins Ungemessene wächst. Und wer ist es, der all dies zustandebringt? Es ist der sogenannte harmlose, begabte, erfinderische und vernünftige menschliche Geist, der nur leider seiner ihm anhaftenden Dämonie unbewußt ist. Ja, dieser Geist tut alles, um sein eigenes Gesicht nicht sehen zu müssen, und jeder hilft ihm dabei nach Kräften. Nur ja keine Psychologie, denn diese Ausschweifung könnte zur Selbsterkenntnis führen! Dann schon lieber Kriege, an denen jeweils der andere schuld ist, und keiner sieht, daß alle Welt besessen ist, das zu tun, was man flieht und fürchtet.

Mir scheint – offen gestanden – als ob die vergangenen Zeiten nicht übertrieben, der Geist seine Dämonie nicht abgestreift, und die Menschen vermöge ihrer wissenschaftlichen und technischen Entwicklung sich der Gefahr der Besessenheit in zunehmendem Maße ausgeliefert hätten. Wohl ist der Archetypus des Geistes als böser sowohl wie guter Wirkung fähig charakterisiert, aber es hängt an der freien, d. h. bewußten Entscheidung des Menschen, ob nicht auch das Gute sich noch ins Satanische verkehren soll. Seine schlimmste Sünde ist das Unbewußtsein, aber ihr frönen mit größter Andacht sogar die, welche den Menschen als Lehrer und Vorbild dienen sollten. Wann kommt endlich die Zeit, wo man den Menschen nicht einfach in barbarischer Weise voraussetzt, sondern allen Ernstes nach Mitteln und Wegen sucht, ihn zu exorzisieren, seiner Besessenheit und Unbewußtheit zu entreißen, und dies zur wichtigsten Kulturaufgabe macht? Kann man nicht endlich begreifen, daß alle äußeren Änderungen und Verbesserungen die innere Natur des Menschen nicht berühren, und daß doch schließlich alles davon abhängt, ob der Mensch, der die Wissenschaft und Technik handhabt, zurechnungsfähig sei oder nicht? Wohl hat das Christentum für uns den Weg geöffnet, aber es ist nicht tief genug unter die Oberfläche gedrungen, wie die Tatsachen beweisen. Welcher Verzweiflung wird es noch bedürfen, um den verantwortlichen Führern der Menschheit so weit die Augen zu öffnen, daß sie sich selber wenigstens der Verführung enthalten können?

IV

ZUR PSYCHOLOGIE ÖSTLICHER MEDITATION

Mein leider so früh verstorbener Freund HEINRICH ZIMMER hat in seinem Buche »Kunstform und Yoga«[1] die tiefen Zusammenhänge hervorgehoben, welche zwischen der hieratischen Architektur Indiens und dem Yoga bestehen. Wer einmal den Borobudur oder die Stûpas von Barhut und Sânchi gesehen hat, der kann sich in der Tat schwer dem Eindruck entziehen, daß hier eine dem Europäer ungewohnte Geisteshaltung und Anschauung am Werke ist, wenn er nicht schon durch tausend andere Eindrücke des indischen Lebens davon belehrt worden ist. In den ungezählten Facetten des überquellenden Reichtums indischer Geistigkeit spiegelt sich eine innere Anschauung der Seele wider, welche dem griechisch geschulten Verstande des Europäers zunächst fremdartig und unzugänglich erscheint. Unser Verstand erschaut die Dinge, unser »Auge trinkt« – um mit GOTTFRIED KELLER zu reden –, »was die Wimper hält, von dem goldnen Überfluß der Welt« und wir schließen aus der Fülle äußerer Eindrücke aufs Innere. Ja, wir leiten sogar dessen Inhalte von Äußerem ab nach dem Satze: »Nichts ist im Verstande, das nicht vorher in den Sinnen war.« Dieser Satz scheint in Indien keine Geltung zu haben. Indisches Denken und Gestalten erscheint bloß in der Sinnenwelt, läßt sich aber nicht aus dieser ableiten. Trotz aller oftmals aufdringlichen Sinnlichkeit des Ausdruckes ist es doch in seinem eigentlichsten Wesen unsinnlich, um nicht zu sagen, *übersinnlich*. Es ist nicht die Welt der Sinne, der Körper, Farben und Töne, nicht menschliche Leidenschaft, welche durch die Gestaltungskraft der indischen Seele in verklärter Gestalt oder in realistischem Pathos wiedergeboren werden, sondern es ist eine Unter- oder Überwelt metaphysischer Natur, aus welcher fremde Gestalt in irdisch bekanntes Weltbild durchbricht. Wenn man die ungeheuer eindrucksvollen Götterdarstellungen der südindischen Kathakalitänzer aufmerksam beobachtet, so

1 Kunstform und Yoga im indischen Kultbild, Berlin 1926.

wird man nicht *eine* natürliche Geste sehen: Alles ist bizarr unter- und übermenschlich: sie gehen nicht wie Menschen, sondern gleiten, sie denken nicht mit dem Kopf, sondern mit den Händen. Selbst das menschliche Antlitz verschwindet hinter blauemaillierter kunstvoller Maske. Unsere bekannte Welt bietet nichts, das sich auch nur im entferntesten mit dieser grotesken Großartigkeit vergleichen ließe. Man wird durch solchen Anblick in einen Traum versetzt, als den einzigen Ort, an dem einem etwa schon ähnliches begegnet ist. Es sind aber keine nächtlichen Spukgestalten, die uns im Kathakali oder in den Tempelbildern entgegentreten, sondern gespannt dynamische, bis in feinste Einzelheiten gesetzmäßig gebildete oder organisch gewachsene Figuren. Es sind keine Schemen und Abbilder einstmaliger Wirklichkeiten, sondern vielmehr Wirklichkeiten, die *noch nicht* waren, potentielle Realitäten, die jeden Moment über die Schwelle des Seins treten können.
Wer sich solchen Eindrücken ungeteilten Herzens hingibt, wird bald merken, daß diese Gestalten dem Inder nicht als traumhaft, sondern als wirklich vorkommen, wie sie auch in uns selber mit beinahe erschreckender Lebendigkeit an etwas rühren, wofür wir allerdings keine Sprache haben. Und zugleich merkt man, je tiefer man ergriffen ist, daß unsere Sinnenwelt zum Traume wird, und daß man in einer Götterwelt von unmittelbarster Wirklichkeit *erwacht*.
Was der Europäer zunächst in Indien sieht, ist äußerlich angeschaute Körperhaftigkeit. Das ist aber nicht Indien, wie es der Inder sieht, das ist nicht *seine* Wirklichkeit. Wirklichkeit ist, wie das deutsche Wort besagt, das, was *wirkt*. Der Inbegriff des Wirkenden ist für uns mit der Erscheinung der Welt verknüpft, für den Inder dagegen mit der *Seele*. Welt ist ihm Schein, und seine Realität nähert sich dem, was wir etwa Traum nennen würden.
Dieser seltsame Gegensatz zum Westen drückt sich zuallermeist in der religiösen Übung aus. Wir reden von religiöser Erbauung und Erhebung. Gott ist uns der Herr des Weltalls, wir haben eine Religion der Nächstenliebe, in unsern in die Höhe strebenden Kirchen gibt es einen *Hochaltar*; Indien dagegen spricht von Dhyâna, Meditation und Versenkung, die Gottheit ist im Innern aller Dinge und vor allem im Menschen, man wendet sich vom Äußern ab zum

Innern, in den alten indischen Tempeln ist der Altar 2–3 m tief in die Erde versenkt, und was wir auf das schamhafteste verhüllen, ist dem Inder heiligstes Symbol. Wir glauben an das Tun, der Inder an das unbewegte Sein. Unsere religiöse Übung besteht in Anbetung, Verehrung und Lobpreisung, die wesentlichste Übung des Inders dagegen ist der Yoga, die Versenkung in einen, wie wir sagen würden, bewußtlosen Zustand, den er aber als höchstes Bewußtsein preist. Der Yoga ist einerseits der sprechendste Ausdruck des indischen Geistes, andererseits das stets gebrauchte Instrument zur Erzeugung eben dieser eigenartigen Geisteshaltung.

Was ist nun der Yoga? Das Wort »yoga« bedeutet wörtlich *Anjochung*, nämlich Disziplinierung der seelischen Triebkräfte, im Sanskrit als kleças bezeichnet. Die Anjochung bezweckt die Beherrschung jener Kräfte, die den Menschen an die Welt verhaften. In der Sprache AUGUSTINS entsprechen die kleças der superbia und concupiscentia. Es gibt vielerlei verschiedene Formen des Yoga, die aber alle dasselbe Ziel verfolgen. Ich will sie nicht alle aufführen, sondern nur erwähnen, daß es neben rein psychischen Übungen auch den sog. Hathayoga gibt, der in einer Art *Gymnastik* besteht, hauptsächlich in Atemübungen und besonderen Körperhaltungen. Ich habe mir nun vorgenommen, in diesem Vortrag einen Yogatext zu schildern, der einen tiefen Einblick in die psychischen Vorgänge des Yoga vermittelt. Es ist dies ein wenig bekannter buddhistischer Text in chinesischer Sprache, welcher aber eine Übersetzung aus dem ursprünglichen Sanskrit ist. Er stammt aus dem Jahre 424 n. Chr. Sein Name ist Amitâyurdhyâna-sûtra, zu deutsch: Traktat der Amitâbha-Meditation[1]. Das besonders in Japan hochgeschätzte Sûtra gehört in das Gebiet des sog. theistischen Buddhismus, in welchem sich die Lehre vom *Âdibuddha*, oder Mahâbuddha, dem Urbuddha, findet, aus welchem die fünf *Dhyânibuddhas* oder *-Bodhisattvas* hervorgehen. Einer der Fünf ist Amitâbha, der »Buddha der *untergehenden Sonne* des unermeßlichen Lichtes«, der Herr von Sukhâvatî, dem Lande der Glückseligkeit. Er ist der Protektor unserer gegenwärtigen Weltperiode, wie Çâkya-

1 Sacred Books of the East. Vol. XLIX, Part II, p. 161 ff. (translated by J. Takakusu).

muni, nämlich der historische Buddha, der Lehrer derselben ist. Im Kulte des Amitâbha findet bemerkenswerterweise eine Art Eucharistiefeier mit konsekriertem Brot statt. Er wird dargestellt, wie er in der Hand das Gefäß der lebenspendenden *Unsterblichkeitsspeise* oder des heiligen *Wassers* hält.

Der Text beginnt mit einer Rahmenerzählung, deren Inhalt uns hier nicht weiter interessiert. Ein Kronprinz trachtet seinen Eltern nach dem Leben, und die Königin in ihrer Not ruft Buddhas Hilfe an, der ihr seine beiden Schüler, den Maudgalyâyana und den Ânanda, schicken möge. Buddha erfüllt ihren Wunsch, und sofort erscheinen ihr die beiden. Ebenso erscheint Çâkyamuni, der Buddha selber, vor ihren Augen. Er zeigt ihr in der Vision alle zehn Welten, um sie wählen zu lassen, in welcher sie wiedergeboren werden will. Sie wählt das westliche Reich des Amitâbha. Er lehrt sie nun den Yoga, der sie zur Wiedergeburt im Amitâbhareiche befähigen soll. Nach verschiedenen moralischen Vorschriften teilt er ihr folgendes mit:

»Du und alle andern Wesen (nämlich die mit derselben Ansicht) sollten es zu ihrem einzigen Ziel machen, eine Wahrnehmung des westlichen Reiches zu erzeugen durch den konzentrierten Gedanken. Du fragst wohl, wie diese Wahrnehmung geschaffen werden kann. Ich will es Dir jetzt erklären. Alle Wesen, insofern sie nicht von Geburt an blind sind, haben einen Gesichtssinn und alle sehen die untergehende Sonne. Du solltest Dich in der richtigen Haltung hinsetzen, den Blick nach Westen gerichtet, und dann bereite Deine Gedanken vor für eine konzentrierte Meditation über die Sonne. Veranlasse Dein Bewußtsein zu einer festen Fixation an die Sonne, so daß Du eine ungestörte Wahrnehmung derselben hast durch die ausschließliche Konzentration darauf. Schaue auf sie hin, wenn sie im Begriffe ist, unterzugehen, und wenn sie aussieht wie eine aufgehängte Trommel. Nachdem Du so die Sonne gesehen hast, behalte dieses Bild klar und fixiert, gleichgültig, ob Deine Augen offen sind oder geschlossen. Dies ist die Wahrnehmung der Sonne und das ist die erste Meditation.«

Wie wir bereits gesehen haben, ist die untergehende Sonne eine Allegorie des Unsterblichkeit spendenden Amitâbha. Der Text fährt fort:

»Dann sollst Du die Wahrnehmung des Wassers erschaffen. Blicke auf das klare und reine Wasser und laß dieses Bild klar und unverändert vor Dir verharren. Erlaube Deinen Gedanken nie, sich zu zerstreuen und verloren zu gehen.« Wie schon erwähnt, ist Amitâbha auch der Spender des Wassers der Unsterblichkeit. *»Nachdem Du so das Wasser gesehen hast, solltest Du die Wahrnehmung des Eises erschaffen. So wie Du es leuchtend und durchsichtig schaust, solltest Du auch die Erscheinung des lapis lazuli imaginieren. Nachdem Du das getan hast, wirst Du den Boden sehen, wie wenn er aus lapis lazuli bestünde, durchsichtig und leuchtend, beides innen und außen. Unter diesem Boden von lapis lazuli wirst Du die goldene Fahne sehen mit den sieben Juwelen, Diamanten und andern (Edelsteinen), welche den Boden tragen. Diese Fahne erstreckt sich nach den acht Richtungen des Kompasses, und auf diese Weise sind die acht Ecken der Grundlage vollkommen ausgefüllt. Jede Seite der acht Richtungen besteht aus 100 Juwelen, und jedes Juwel hat 1000 Strahlen, und jeder Strahl hat 84 000 Farben, welche, reflektiert auf dem Boden von lapis lazuli, den Anschein haben von 1000 Millionen Sonnen, und es ist schwierig, diese getrennt voneinander zu sehen. Über die Oberfläche dieses Bodens von lapis lazuli strecken sich goldene Taue, die kreuzweise verbunden sind, und die Abteilungen sind gemacht von Schnüren mit jeweils sieben Juwelen, und jeder Teil ist klar und deutlich.*

Wenn diese Wahrnehmung geformt worden ist, so solltest Du meditieren über die Bestandteile, einen nach dem andern. Und mache die Bilder so klar wie möglich, so daß sie niemals sich auflösen und verloren gehen, gleichgültig ob Deine Augen geschlossen oder offen sind. Mit Ausnahme der Zeit Deines Schlafes solltest Du dieses Bild immer vor Deinem inneren Auge tragen. Einer, der den Zustand dieser Wahrnehmung erreicht hat, von dem wird gesagt, er habe undeutlich das Land des höchsten Glückes gesehen (Sukhâvatî). Einer, der aber den Zustand von Samâdhi erreicht hat, ist imstande, das Land klar und deutlich zu sehen. Dieser Zustand kann nicht ganz erklärt werden. Dies ist die Wahrnehmung des Landes und dies ist die dritte Meditation.« Samâdhi ist »Eingezogenheit«, d. h. ein Zustand, in welchem aller Weltzusammenhang ins Innere absorbiert ist. Samâdhi ist das *Achte* des *achtfachen Pfades*. Darauf folgt die Meditation über die Juwelen-*Bäume* des Amitâbha-Landes und dann die Meditation über das *Wasser*.

»Dieses Wasser findet sich in acht Seen. Das Wasser in jedem See besteht aus sieben Juwelen, welche weich und nachgiebig sind. Die Quelle kommt vom König der Juwelen (Cintâmani, »Wunsch-Perle«)... In der Mitte jedes Sees sind 60 Millionen Lotusblüten, jede aus sieben Juwelen bestehend. Alle Blüten sind vollkommen rund und genau gleich groß. Das zwischen den Blüten fließende Wasser erzeugt melodische und angenehme Töne, welche alle vollkommenen Tugenden ausdrücken, wie Leiden, Nichtexistenz, Vergänglichkeit und Nichtselbst. Sie drücken auch das Lob der Zeichen der Vollkommenheit aus und der minderen Zeichen von Ausgezeichnetheit aller Buddhas. Dem König der Juwelen (Cintâmani) entfließen die goldfarbenen Strahlen von äußerster Schönheit. Ihr Leuchten verwandelt sich in Vögel, welche die Farben von 100 Juwelen haben. Sie singen harmonische Töne, süß und entzükkend, die Erinnerung an Buddha lobend, ebenso die Erinnerung an das Gesetz und die Erinnerung der Kirche. Das ist die Wahrnehmung des Wassers der acht guten Eigenschaften und das ist die fünfte Meditation.«

Über die Meditation des Amitâbha selber belehrt Buddha die Königin folgendermaßen: *»Gestalte die Wahrnehmung einer Lotusblüte auf dem Boden von sieben Juwelen.«* Die Blüte besitzt 84 000 Blütenblätter, jedes Blatt 84 000 Adern und jede Ader 84 000 Strahlen, *»von denen jeder einzelne klar gesehen werden kann«*.

»Darauf solltest Du Buddha selbst wahrnehmen. Du fragst wie? Jeder Buddha Tathâgata (der Vollendete) ist einer, dessen Hauchkörper das Prinzip der Natur ist (Dharmadhâtu-kâya, dhâtu = Element), so daß er in das Bewußtsein aller Wesen eingehen kann. Deshalb, wenn Du Buddha wahrgenommen hast, dann besitzt in der Tat Dein Bewußtsein jene 32 Zeichen der Vollkommenheit und die 80 kleineren Zeichen der Ausgezeichnetheit, welche Du am Buddha wahrnimmst. Schließlich ist es Dein Bewußtsein, das Buddha wird, oder besser, es ist Dein Bewußtsein, das

in der Tat Buddha ist. Der Ozean des wahren und universellen Wissens aller Buddhas hat seine Quelle in unserem eigenen Bewußtsein und Gedanken. Deshalb solltest Du Deinen Gedanken mit einer ungeteilten Aufmerksamkeit auf eine sorgfältige Meditation über jenen Buddha Tathâgata, den Arhat, den Heiligen und vollkommen Erleuchteten, richten. Wenn Du die Wahrnehmung dieses Buddha gestaltest, so solltest Du zuerst das Bild dieses Buddha wahrnehmen, gleichgültig ob Deine Augen offen oder geschlossen sind. Schaue ihn an, wie ein Idol in Jâmbûnada-Gold (Saft des Jambubaumes. Jambunadî = Fluß aus Saft der Jambufrucht, fließt rings um den Meru herum und kehrt wieder zum Baum zurück), *das auf der Blüte sitzt. Wenn Du die sitzende Figur gesehen hast, so wird Dein geistiges Gesicht klar werden und Du wirst imstande sein, die Schönheit jenes Buddhalandes klar und deutlich zu sehen. Indem Du diese Dinge siehst, lasse sie klar und fest Dir erscheinen, so deutlich wie die Fläche Deiner Hände.«*

»Wenn Du durch dieses Erlebnis hindurch gehst, so wirst Du zugleich alle Buddhas der 10 Welten sehen. Diejenigen, welche diese Meditation ausgeübt haben, von denen wird gesagt, daß sie die Körper aller Buddhas betrachtet haben. Da sie über den Körper Buddhas meditiert haben, werden sie auch den Geist Buddhas wahrnehmen. Es ist das große Mitleid, welches Buddhas Geist genannt wird. Durch das allumfassende Mitleid geschieht es, daß er alle Wesen annimmt. Diejenigen, welche diese Meditation ausgeübt haben, werden nach ihrem Tode wiedergeboren werden in der Gegenwart der Buddhas in einem anderen Leben und werden einen Geist des Verzichtes erreichen, mit dem sie allen Folgen begegnen, welche sich nach diesem ereignen werden. Darum sollten die, welche Weisheit besitzen, ihre Gedanken zu einer sorgfältigen Meditation über diesen Buddha Amitâyus sammeln.«

Von denen, welche diese Meditation ausüben, wird gesagt, daß sie nicht mehr in einem embryonischen Zustand leben, sondern freien Zugang haben werden zu den ausgezeichneten und wunderbaren Ländern der Buddhas.

»Wenn Du diese Wahrnehmung erreicht hast, solltest Du Dir ein Bild machen von Dir selber, wie Du geboren wirst

in der Welt des höchsten Glückes, in der Region des Westens, und wie Du dort sitzest mit gekreuzten Beinen auf einer Lotusblüte. Dann mache Dir ein Bild davon, wie diese Blüte Dich in sich einschließt und wie sie sich nachher wiederum entfaltet. Wenn sich nämlich die Blüte wieder entfaltet, so ist Dein Körper von 500 farbigen Strahlen umspielt. Deine Augen werden geöffnet sein, so daß Du die Buddhas und Bodhisattvas siehst, wie sie den ganzen Himmel erfüllen. Du wirst das Geräusch des Wassers und der Bäume hören, den Gesang der Vögel und die Stimme der vielen Buddhas.«

Buddha spricht darauf zu Ânanda und Vaidehî (der Königin): *»Diejenigen, die wünschen, vermittelst ihrer reinen Gedanken im westlichen Lande wiedergeboren zu werden, sollten zuerst über ein Bild des Buddha meditieren, das 16 Ellen hoch ist und auf dem Lotus im Wasser des Sees sitzt. Wie vorher gesagt wurde, ist der wirkliche Körper und sein Maß unbegrenzt und unbegreiflich für den gewöhnlichen Verstand. Aber durch die Wirksamkeit des alten Gebetes dieses Tathâgata werden sicherlich alle, die daran denken und sich seiner erinnern, ihr Ziel erreichen.«*

Der Text fährt fort: *»Als Buddha diese Rede vollendet hatte, da konnte Vaidehî, die Königin, zusammen mit ihren 500 Begleiterinnen, geleitet von den Worten Buddhas, den Anblick der weit sich erstreckenden Welt der Glückseligkeit sehen, und sie konnte ebenso den Körper Buddhas und den Körper der beiden Bodhisattvas sehen. Ihr Geist war erfüllt mit Freude, sie pries diese, indem sie sagte: ›Niemals habe ich solch ein Wunder gesehen.‹ Auf der Stelle wurde sie ganz und gar erleuchtet und erreichte den Geist des Verzichtes, nunmehr vorbereitet, alle Folgen zu erdulden, was immer auch diese seien. Ihre 500 Begleiterinnen ebenso erfreuten sich des Gedankens, daß sie nunmehr die höchste vollkommene Erkenntnis erreichten, und wünschten in jenem Lande des Buddha wiedergeboren zu werden. Der durch alle Welt Geehrte sagte voraus, daß sie alle in jenem Lande wiedergeboren würden und daß sie imstande sein würden, Samâdhi (die übernatürliche Ruhe) der Gegenwart vieler Buddhas zu erreichen.«*

In einem Exkurs über das Schicksal des Unerleuchteten sagt Buddha, die Yogaübung zusammenfassend:

»Aber da er von Schmerzen geplagt ist, so wird er keine Zeit finden, an Buddha zu denken. Ein guter Freund wird dann zu ihm sagen: Auch wenn Du die Erinnerung an Buddha nicht üben kannst, so mögest Du wenigstens den Namen aussprechen: ›Buddha Amitâyus.‹ Er möge dies in reiner Gesinnung tun mit konstanter Stimme. Er möge beständig an Buddha denken, bis er zehnmal den Gedanken vollendet hat, indem er wiederholt: ›Namo(A)mitâyushe Buddhâya‹ (Verehrung dem Buddha Amitâyus). Vermöge des Verdienstes des Aussprechens des Buddhanamens wird er durch jede Wiederholung seine Sünden austilgen, die ihn sonst in Geburt und Tod während 80 Millionen Kalpas verwickeln würden. Er wird, wenn er stirbt, einen goldenen Lotus sehen, gleich der Scheibe der Sonne vor seinen Augen, und in einem Augenblick wird er wiedergeboren sein in Sukhâvatî, der Welt der höchsten Glückseligkeit.«

Das sind die wesentlichen uns hier interessierenden Inhalte der Yogaübung. Der Text zerfällt in 16 Meditationen, von denen ich hier nur Stücke hervorgehoben habe. Sie mögen aber genügen, um die bis Samâdhi, der höchsten Entzückung und Erleuchtung, aufsteigende Meditation zu schildern.

Die Übung beginnt mit der Konzentration auf die untergehende Sonne. In südlichen Breiten ist die Strahlungsintensität der untergehenden Sonne noch so stark, daß einige Augenblicke des Hinsehens genügen, um ein intensives Nachbild zu erzeugen. Man sieht dann, auch mit geschlossenen Augen, die Sonne noch für eine ganze Weile. Bekanntlich besteht eine der hypnotischen Methoden darin, daß ein glänzender Gegenstand, z. B. ein Diamant oder Kristall, fixiert wird. Man darf vermuten, daß die Fixierung der Sonne einen ähnlichen hypnotischen Effekt bewirken soll. Allerdings soll es kein einschläfernder Effekt sein, insofern mit der Fixierung auch eine »Meditation« der Sonne verknüpft werden muß. Meditation ist ein Nachdenken über die Sonne, ein Sich-Klarmachen, ein Realisieren ihrer Gestalt, ihrer Eigenschaften und Bedeutungen. Da das Runde in den folgenden Stücken eine bedeutsame Rolle spielt, so darf man auch vermuten, daß die runde Sonnenscheibe als Vorlage zu den nachfolgenden runden Phantasiegebilden dienen soll. Ebenso soll sie vermöge ihres intensiven Lichtes die nachfolgenden strahlenden Visionen vorbereiten. Auf diese Weise soll, wie der Text sagt, »die Wahrnehmung erschaffen« werden.

Die nächste Meditation, die des *Wassers*, stützt sich auf keinen Sinneseindruck mehr, sondern erschafft nun durch *aktive Imagination* das Bild einer spiegelnden Wasserfläche, die, wie man aus Erfahrung weiß, das Sonnenlicht vollkommen widerspiegelt. Es soll nun vorgestellt werden, daß das Wasser sich in »leuchtendes und durchsichtiges Eis« verwandelt. Durch diese Prozedur wird das immaterielle Licht des Sonnennachbildes in die Materie des Wassers und dieses schließlich in die feste Stofflichkeit des Eises gewandelt. Dadurch wird offenbar eine Konkretisierung und Verstofflichung der Vision bezweckt, und damit entsteht eine Materialität der Phantasieschöpfung, welche an die Stelle der physischen Natur, dieser uns bekannten Welt, tritt. Es wird eine *andere Wirklichkeit* geschaffen gewissermaßen aus seelischem Stoff. Das Eis, das natürlicherweise eine bläuliche Farbe hat, wandelt sich nun zu dem blauen Lapislazuli, zu einem festen steinernen Gebilde, welches seinerseits zu einem »Boden« wird, der allerdings »leuchtend und durchsichtig« ist. Mit diesem »Boden« ist eine unveränderliche, sozusagen absolut reale Grundlage geschaffen. Dieser blaue, durchsichtige Boden ist wie ein gläserner See, durch dessen durchsichtige Schichten der Blick in die Tiefe dringt. Aus dieser Tiefe leuchtet nun die sog. »goldene Fahne« auf. Es ist hier zu bemerken, daß das Sanskritwort »dhvaja« für »Fahne« überhaupt die Bedeutung von »Zeichen« und »Symbol« hat. Man könnte daher ebensogut vom Erscheinen eines »Symboles« reden. Es wird hier klar, daß, indem das Symbol sich »nach den acht Richtungen des Kompaß'« erstreckt, die Grundlage ein achtstrahliges System darstellt. Wie der Text sagt, sind durch die Fahne die »acht Ecken der Grundlage vollkommen ausgefüllt«. Das System leuchtet wie »1000 Millionen Sonnen«. Das leuchtende Sonnennachbild hat also an Strahlungsenergie bedeutend gewonnen und sich zu einer unermeßlichen Leuchtkraft gesteigert. Die eigentümliche Vorstellung von »goldenen Tauen«, die sich wie ein Netz über das System ausbreiten, will vermutlich besagen, daß letzteres zusammengebunden und auf diese Weise befestigt sei, so daß es nicht mehr auseinanderfallen kann. Leider sagt der Text nirgends etwas über die

Möglichkeit eines Versagens der Methode und über die Zerfallserscheinungen, die infolge eines Fehlers eintreten könnten. Derartige Störungen eines imaginativen Prozesses sind aber für den Kenner nichts Unerwartetes; sie bilden im Gegenteil ein regelmäßiges Vorkommnis. Es ist daher nicht erstaunlich, daß in der Yogavision eine Art innerer Verfestigung des Bildes durch goldene Taue vorgesehen ist.

Obschon der Text es nicht ausdrücklich erwähnt, ist das achtstrahlige System bereits das *Amitâbhaland*. Darin wachsen wunderbare Bäume, wie sich dies für ein Paradies, das es ist, geziemt. Eine besondere Wichtigkeit kommt dem *Wasser* des Amitâbhalandes zu. Es findet sich, dem Oktogon entsprechend, in der Gestalt von acht Seen. Die Quelle dieses Wassers ist ein zentrales Juwel, Cintâmani, die Wunschperle, ein Symbol der »schwer erreichbaren Kostbarkeit«[1] und des höchsten Wertes. In der chinesischen Kunst ist es jenes mondartige Gebilde, das häufig mit dem Drachen verbunden erscheint. Die wundersamen »Töne« des Wassers bestehen in zwei Gegensatzpaaren, die dogmatische Grundwahrheiten des Buddhismus ausdrücken, »Leiden und Nichtsein, Vergänglichkeit und Nichtselbst«, was besagen will, daß alles Sein leidvoll, und alles Ichhafte vergänglich sei. Aus diesen Irrtümern erlöst das *Nichtsein* und das *Nicht-Ich-Sein*. Das tönende Wasser ist also etwas wie die Lehre Buddhas überhaupt, ein erlösendes Wasser der Weisheit, eine »aqua doctrinae«, um einen Ausdruck des ORIGENES zu gebrauchen. Die Quelle dieses Wassers, die Perle ohnegleichen, ist der Tathâgata, der Buddha selber. Daher folgt nun die imaginative Rekonstruktion des Buddhabildes, und indem dieser Aufbau vorgenommen wird, ergibt sich die Einsicht, daß Buddha eigentlich nichts anderes ist, als die in der Meditation tätige Psyche des Yogin, des Meditierenden selber. Aus dem »eigenen Bewußtsein und Gedanken« geht nicht nur die Gestalt des Buddha hervor, sondern die *Seele*, die diese Gedankenbilder erzeugt, ist *Buddha selber*.

Die Gestalt des Buddha sitzt im runden Lotus, im Zentrum des oktogonalen Amitâbhalandes. Buddha ist ausgezeichnet durch das große Mitleid, mit dem er »alle Wesen an-

1 Jung: Wandlungen und Symbole der Libido, 1912, p. 161, bzw. Neuaufl. 1952: Symbole der Wandlung, p. 279 u. a. a. O.

nimmt«, also auch den Meditierenden, d. h. das innerste Wesen, welches Buddha ist, tritt in der Vision hervor und offenbart sich als das eigentliche Selbst des Meditierenden. Er erfährt sich selber als das alleinig Seiende, als das höchste Bewußtsein, welches eben Buddha ist. Um zu diesem letzten Ziel zu gelangen, brauchte es den ganzen Weg mühsamer geistiger Rekonstruktionsübung, um vom verblendeten Ichbewußtsein, das die Schuld an der leidvollen Illusion der Welt trägt, loszukommen und an jenen andern seelischen Pol zu gelangen, in welchem die Welt als Illusion aufgehoben ist.

Unser Text ist insofern kein bloßes literarisches Museumsstück, als er in dieser und in vielen andern Formen in der Seele des Inders lebt und dessen Leben und Denken durchdringt bis in die kleinsten Einzelheiten, die dem Europäer so überaus fremdartig vorkommen. Es ist nicht etwa der Buddhismus, der diese Seele formt und erzieht, sondern der Yoga. Der Buddhismus selber ist eine Geburt aus dem Geiste des Yoga, der älter und universaler ist als die historische Reformation Buddhas. Mit diesem Geiste muß sich derjenige wohl oder übel befreunden, welcher danach strebt, indische Kunst, Philosophie und Ethik von innen her zu verstehen. Unser gewohntes Verstehen aus dem Äußeren versagt hier, weil es dem Wesen indischer Geistigkeit hoffnungslos inadäquat ist. Und insbesondere möchte ich warnen vor der so oft versuchten Nachahmung und Anempfindung östlicher Praktiken. Es kommt dabei in der Regel nicht mehr heraus als eine besonders künstliche Verdummung unseres westlichen Verstandes. Ja, wer es fertig brächte, in jeder Hinsicht auf Europa zu verzichten und wirklich auch nichts anderes zu sein als ein Yogin mit allen ethischen und praktischen Konsequenzen und im Lotussitz auf dem Gazellenfell unter einem staubigen Banyanbaum dahinzuschwinden und seine Tage in namenlosem Nichtsein zu beschließen, einem solchen würde ich es zugestehen müssen, daß er den Yoga auf indisch verstanden hat. Wer das nicht kann, der soll auch nicht tun, als ob er den Yoga verstünde. Er kann und soll nicht auf seinen westlichen Verstand verzichten, sondern im Gegenteil letzteren anstrengen, um ohne Nachahmung und Anempfindelei in ehrlicher Weise so viel vom Yoga zu verstehen, als unserm Verstande eben möglich ist. Da die Geheimnisse des Yoga dem Inder so viel oder noch mehr bedeuten als uns die Mysterien des christlichen Glaubens, und wir es doch jedem Exoten verwehren würden, unser mysterium fidei lächerlich zu machen, so dürfen auch wir die seltsamen indischen Vorstellungen und Übungen nicht gering schätzen und für absurden Irrtum halten. Damit würden wir uns nur den Zugang zu einem sinngemäßen Verständnis verbauen. Allerdings haben wir es in Europa schon weit gebracht in dieser Hinsicht, indem uns die geistigen Inhalte des christlichen Dogmas in einem rationalistischen und aufklärerischen Nebel bis zu einem bedenklichen Grade entschwunden sind, und allzuleicht ist es, zu unterschätzen, was man nicht kennt und versteht.

Wenn wir überhaupt verstehen wollen, so kann dies nur auf europäische Weise geschehen. Man kann zwar vieles mit dem Herzen verstehen, aber dabei findet es oft der Verstand schwierig, mit der intellektuellen Formulierung nachzukommen und dem Verstandenen den gebührlichen Ausdruck zu geben. Es gibt zwar ein Begreifen mit dem Kopfe und insbesondere mit dem wissenschaftlichen Verstand, wobei aber manchmal das Herz zu kurz kommt. Wir müssen daher bald das eine, bald das andere der wohlwollenden Mitarbeit des Publikums überlassen. Versuchen wir es also zunächst mit dem Kopfe, jene verborgene Brücke aufzufinden oder zu bauen, welche vom Yoga zum europäischen Verständnis herüberführen soll.

Zu diesem Zwecke müssen wir uns noch einmal die Reihe der bereits besprochenen Symbole vergegenwärtigen, aber diesmal mit Rücksicht auf ihren *Sinngehalt*. Die *Sonne*, mit der die Reihe anhebt, ist die Quelle von Wärme und Licht und unzweifelhafter Mittelpunkt unserer sichtbaren Welt. Als *Spenderin des Lebens* ist sie daher sozusagen immer und überall entweder die Gottheit selber oder wenigstens ein Bild derselben. Selbst in der christlichen Vorstellungswelt ist sie eine beliebte Allegorie Christi. Eine zweite Quelle des Lebens, und dies namentlich in südlichen Ländern, ist das *Wasser*, das bekanntlich auch in der christlichen Allegorik eine bedeutende Rolle spielt, z. B. in der Gestalt der vier Paradiesesströme und der Quelle, die an der

Seite des Tempelberges entsprang. Letztere wurde dem Blute aus der Seitenwunde Christi verglichen. In diesem Zusammenhang erinnere ich auch an das Gespräch Christi mit der Samariterin am Brunnen und an die Ströme lebendigen Wassers aus dem Leibe Christi (Joh. VII, 38). Eine Meditation über Sonne und Wasser wird unfehlbar solche und ähnliche Bedeutungszusammenhänge evozieren, womit der Meditierende allmählich aus dem Vordergrunde der sichtbaren Erscheinung zum Hintergrund, d. h. zu dem *dahinterliegenden geistigen Sinn* der Meditationsgegenstände übergeleitet wird. Dadurch wird er in die psychische Sphäre versetzt, wo Sonne und Wasser ihrer physischen Gegenständlichkeit entkleidet und damit zu Symbolen seelischer Inhalte werden, nämlich zu Bildern der Lebensquelle in der eigenen Seele. Unser Bewußtsein schafft sich ja nicht selber, sondern es quillt auf aus unbekannter Tiefe. Es erwacht allmählich im Kinde, und es erwacht jeden Morgen aus der Tiefe des Schlafes aus einem unbewußten Zustande. Es ist wie ein Kind, das täglich aus dem mütterlichen Urgrunde des Unbewußten geboren wird. Ja, eine genauere Erforschung des Bewußtseinsprozesses ergibt die Tatsache, daß es nicht nur vom Unbewußten beeinflußt wird, sondern sogar in Form zahlloser spontaner Einfälle überhaupt beständig dem Unbewußten entquillt. Die Meditation der Bedeutung von Sonne und Wasser ist daher etwas wie ein Abstieg zur seelischen Quelle, eben zum Unbewußten selber.

Hier liegt nun allerdings ein Unterschied zwischen östlichem und westlichem Geiste vor. Es ist derselbe Unterschied, dem wir schon begegnet sind: es ist der zwischen Hochaltar und Tiefaltar. Der Westen sucht immer Erhebung, der Osten aber Versenkung oder Vertiefung. Die äußere Wirklichkeit mit ihrem Geist der Körperhaftigkeit und Schwere scheint den Europäer viel stärker und schärfer anzupacken als den Inder. Darum sucht ersterer sich über die Welt zu erheben, letzterer aber kehrt gern in die mütterlichen Tiefen der Natur zurück.

Wie nun die christliche Kontemplation z. B. in den Exercitia Spiritualia des Hl. Ignatius von Loyola mit allen Sinnen sich bestrebt, die heilige Gestalt so konkret wie möglich zu erfassen, so verfestigt auch der Yogin das Wasser, das er betrachtet, zunächst zu Eis und sodann zu Lapislazuli und schafft dadurch einen festen »Boden«, wie er es nennt. Er schafft seiner Vision sozusagen einen soliden Körper. Damit gibt er dem Innern, nämlich den Gestalten seiner seelischen Welt, eine konkrete Realität, welche an die Stelle der äußeren Welt tritt. Er sieht zwar zunächst nichts als eine spiegelnde blaue Oberfläche, etwa wie die eines Sees oder Meeres, welch letzteres auch in unsern Träumen ein beliebtes Symbol des Unbewußten ist. Denn unter der spiegelnden Wasserfläche bergen sich unbekannte Tiefen, die dunkel und geheimnisvoll sind.

Wie der Text sagt, ist der blaue Stein *durchsichtig*, womit ausgesagt wird, daß der Blick des Meditierenden in die Tiefe des seelischen Geheimnisses einzudringen vermag. Dort erblickt er nun das, was zuvor nicht gesehen werden konnte, d. h. was unbewußt war. Wie Sonne und Wasser die physischen Lebensquellen sind, so drücken sie als Symbole das essentielle Lebensgeheimnis des Unbewußten aus: in der *Fahne*, d. h. dem Symbol, das der Yogin durch den Lapislazuliboden erblickt, schaut er gewissermaßen eine Gestalt der vordem unsichtbaren und anscheinend gestaltlosen Bewußtseinsquelle. Durch Dhyâna, d. h. Versenkung und Vertiefung der Kontemplation hat das Unbewußte, wie es scheint, Gestalt angenommen. Es ist, wie wenn das Licht des Bewußtseins, das aufgehört hat, Gegenstände der äußeren Sinneswelt zu beleuchten, nunmehr das Dunkel des Unbewußten erleuchtete. Wenn die Sinneswelt und der Gedanke an sie gänzlich ausgelöscht sind, so tritt das Innere deutlicher hervor.

Hier überspringt nun der östliche Text ein psychisches Phänomen, das dem Europäer zur Quelle endloser Schwierigkeiten wird. Versucht ein solcher die Vorstellungen der äußeren Welt zu verbannen und seinen Geist von allem Äußeren zu entleeren, so wird er zunächst zur Beute seiner subjektiven *Phantasien*, die mit den Inhalten unseres Textes nichts zu tun haben. Phantasien haben keinen guten Ruf, sie sind billig und wertlos und werden daher als nutz- und sinnlos verworfen. Sie sind die kleças, jene unordentlichen und chaotischen Triebkräfte, die der Yoga eben »anjochen« will. Dasselbe Ziel verfolgen auch die Exercitia Spiritualia, und zwar suchen beide Methoden den Erfolg dadurch zu erreichen, daß sie dem Meditierenden den Gegenstand der Kontemplation vorhalten, indem sie ihm dasjenige Bild zeigen, auf das er sich konzentrieren soll, eben um die sog. wertlosen Phantasien auszuschalten. Beide Methoden, sowohl die östliche wie die westliche, versuchen auf direktem Wege zum Ziel zu gelangen. Ich will die Erfolgsmöglichkeiten dort, wo sich die Meditationsübung in einem bedeutsamen kirchlichen Rahmen abspielt, nicht in Frage stellen. Außerhalb eines solchen aber geht die Sache in der Regel nicht, oder sie führt sogar zu deplorablen Resultaten. Durch die Erhellung des Unbewußten nämlich gerät man zunächst in die Sphäre des chaotischen persönlichen Unbewußten, in welchem sich alles findet, was man gerne vergißt und was man unter allen Umständen weder sich selber noch einem andern eingestehen und überhaupt nicht für wahr haben möchte. Man glaubt daher am besten wegzukommen, wenn man möglichst nicht in diese dunkle Ecke schaut. Allerdings, wer so verfährt, der wird auch um diese Ecke nie herumkommen. Keinesfalls wird er auch nur eine Spur von dem erreichen, was der Yoga verspricht. Nur wer diese Dunkelheit durchschreitet, kann hoffen, irgendwie weiter zu kommen. Ich bin darum prinzipiell gegen die kritiklose Übernahme von Yogapraktiken durch Europäer, denn ich weiß zu genau, daß sie sich damit um ihre dunkle Ecke herumzudrücken hoffen. Ein solches Beginnen ist aber völlig sinn- und wertlos.

Hier liegt auch der tiefere Grund, warum wir im Westen (abgesehen von der sehr beschränkten Anwendung der jesuitischen Exercitia) nichts entwickelt haben, das sich mit dem Yoga vergleichen ließe. Wir haben eine abgrundtiefe Scheu vor der Scheußlichkeit unseres persönlichen Unbewußten. Daher zieht es der Europäer vor, lieber den anderen zu sagen, wie sie es zu machen hätten. Daß die Besserung des Ganzen beim Einzelnen, ja bei mir selber anfängt, das will uns schon gar nicht in den Kopf. Viele denken sogar, es sei krankhaft, einmal ins eigene Innere zu blicken, man werde davon melancholisch, wie mir sogar einmal ein Theologe versicherte.

Ich habe vorhin gesagt, es hätte sich bei uns nichts entwickelt, was sich dem Yoga vergleichen ließe. Das ist nicht ganz richtig. Es hat sich bei uns, wie das dem europäischen

Präjudiz entspricht, eine ärztliche Psychologie entwickelt, die sich speziell mit den kleças befaßt. Wir nennen dies die »Psychologie des Unbewußten«. Die von Freud inaugurierte Richtung hat die Bedeutung der menschlichen Schattenseite und ihres Einflusses auf das Bewußtsein erkannt und sich in dieses Problem verwickelt. Diese Psychologie beschäftigt sich ausgerechnet mit dem, was unser Text verschweigt und als erledigt voraussetzt. Der Yoga weiß sehr wohl um die Welt der kleças, aber die Naturhaftigkeit seiner Religion kennt den *moralischen Konflikt* nicht, welchen die kleças für uns bedeuten. Ein ethisches Dilemma trennt uns von unserem Schatten. Der Geist Indiens wächst aus der Natur. Unser Geist steht gegen die Natur.

Darum ist uns der Boden aus Lapislazuli undurchsichtig, weil die *Frage des Bösen in der Natur* zuerst beantwortet werden muß. Diese Frage kann beantwortet werden, aber sicherlich nicht mit seichter rationalistischer Argumentation oder intellektuellem Geschwätz. Die ethische Verantwortung des Einzelnen *kann* eine gültige Antwort geben. Aber Rezepte oder Lizenzen gibt es nicht, sondern nur Bezahlung bis zum letzten Heller. Dann kann der Boden aus Lapislazuli durchsichtig werden. Unsere Sûtra setzt also voraus, daß die Schattenwelt unserer persönlichen Phantasien, d. h. des *persönlichen* Unbewußten, durchschritten sei, und fährt nun fort, eine symbolische Gestalt zu schildern, die uns zunächst fremdartig anmutet. Es handelt sich um ein radiäres, »achtteiliges« geometrisches Gebilde, um eine sog. Ogdoas, eine Achtheit. In der Mitte erscheint ein Lotus, in welchem Buddha sitzt, und das entscheidende Erlebnis ist schließlich die Erkenntnis, daß der Meditierende selber Buddha ist, wodurch der durch die Rahmenerzählung geschürzte Schicksalsknoten als gelöst erscheint. Das konzentrisch gebaute Symbol drückt offenbar höchste Konzentration aus, welche nur dadurch erreicht wird, daß die vorhin geschilderte Abziehung und Überleitung des Interesses von den Eindrücken der Sinneswelt und den objektgebundenen Vorstellungen weg und die Zuwendung zum Bewußtseinshintergrund auf die Spitze getrieben wurde. Die Bewußtseinswelt mit ihrer Verhaftung ans Objekt, ja sogar das Zentrum des Bewußtseins, das Ich, erlischt, und dafür erscheint in endloser Steigerung des Glanzes die Amitâbhawelt.

Psychologisch heißt dies soviel, als daß hinter oder unter der persönlichen Phantasie- und Triebwelt eine noch tiefere Schicht des Unbewußten erscheint, welche im Gegensatz zur chaotischen Unordnung der kleças von höchster Ordnung und Harmonie ist, und im Gegensatz zu deren *Vielheit* die allumfassende *Einheit* des »bodhimandala«, des Zauberkreises der Erleuchtung, darstellt.

Was hat nun unsere Psychologie zu dieser indischen Feststellung eines überpersönlichen, weltumfassenden Unbewußten zu sagen, welches gewissermaßen dann erscheint, wenn die Dunkelheit des persönlichen Unbewußten durchsichtig geworden ist? Unsere moderne Psychologie weiß, daß das persönliche Unbewußte nur eine Oberschicht ist, die auf einem ganz anders gearteten Fundament ruht. Dieses wird als *kollektives Unbewußtes* bezeichnet. Der Grund zu dieser Bezeichnung ist der Umstand, daß unähnlich dem persönlichen Unbewußten und dessen rein persönlichen Inhalten die Bilder des tieferen Unbewußten von ausgesprochen *mythologischem* Charakter sind. Das will besagen, daß sie nach Form und Inhalt mit jenen allverbreiteten Urvorstellungen, wie sie den Mythen zugrunde liegen, übereinstimmen. Sie sind nicht mehr persönlicher, sondern rein überpersönlicher Natur und darum allen Menschen gemeinsam. Darum lassen sie sich auch in allen Mythen und Märchen aller Völker und Zeiten und ebenso bei einzelnen Individuen nachweisen, ohne daß diese die geringste bewußte Kenntnis der Mythologie hätten.

Unsere abendländische Psychologie ist tatsächlich soweit wie der Yoga, daß sie nämlich imstande ist, eine tiefere Einheitsschicht des Unbewußten wissenschaftlich nachzuweisen. Die mythologischen Motive, deren Vorhandensein die Erforschung des Unbewußten erwiesen hat, bilden zwar an sich eine Vielheit, aber diese gipfelt in einer konzentrischen oder radiären Anordnung, welche recht eigentlich das Zentrum oder das Wesen des kollektiven Unbewußten ausmacht. Wegen der bemerkenswerten Übereinstimmung der Einsichten des Yoga mit den Ergebnissen der psychologischen Forschung habe ich für dieses Zentralsymbol den Sanskritterminus »Mandala«, was »Kreis« bedeutet, gewählt.

Man wird nun gewiß fragen: aber wie in aller Welt kommt die Wissenschaft auf dergleichen Feststellungen? Dazu gibt es zwei Wege. Der erste ist der *historische*. Untersuchen wir z. B. die introspektive Methode der mittelalterlichen Naturphilosophie, so sehen wir, daß sie sich immer wieder des Kreises, und zwar meistens des viergeteilten, zur Symbolisierung des zentralen Prinzips bedient hat und dies in offenkundiger Anlehnung an die kirchliche Quaternitätsallegorik, wie sie sich in zahlreichen Darstellungen des rex gloriae mit den vier Evangelisten, den vier Paradiesesströmen, den vier Winden usw. findet.

Der zweite Weg ist der *empirisch-psychologische*. In einem gewissen Stadium der psychischen Behandlung zeichnen die Patienten gelegentlich spontan solche Mandalas, entweder weil sie sie träumen oder weil sie plötzlich das Bedürfnis spüren, ihre seelische Unordnung durch die Darstellung einer geordneten Einheit zu kompensieren. Einen solchen Prozeß hat z. B. auch unser nationaler Heiliger, der selige Bruder Niklaus von der Flüe, durchlaufen, dessen Endzustand man noch im Bilde der Dreifaltigkeitsvision in der Pfarrkirche von Sachseln sehen kann. Er hat seine große Schreckvision, die ihn aufs tiefste erschütterte, mit Hilfe der Kreiszeichnungen im Büchlein eines deutschen Mystikers geordnet [1].

Was aber sagt unsere empirische Psychologie zu dem im Lotus sitzenden Buddha? Folgerichtigerweise müßte ja beim Abendländer Christus in der Mitte des Mandala thronen. Das war, wie schon gesagt, im Mittelalter bei uns auch der Fall. Aber unsere modernen Mandalas, deren spontane Entstehung wir bei zahlreichen Individuen ohne äußere Voraussetzung oder Einmischung beobachten, enthalten keine Christusfigur und noch weniger einen Buddha im Lotussitz. Wohl aber kommt das gleichschenklige Kreuz oder gar eine unverkennbare Andeutung des Svastika nicht selten vor. Ich will diese seltsame Tatsache, die an sich allerdings von höchstem Interesse ist, hier nicht diskutieren [2].

Zwischen dem christlichen und dem buddhistischen Mandala besteht ein feiner, aber enormer Unterschied. Der Christ wird in der Kontemplation nie sagen: *Ich* bin Chri-

1 Vgl. P. Alban Stöckli, O. M. Cap.: Die Visionen des Seligen Bruder Klaus, Einsiedeln 1933.
Jung: Bruder Klaus, Neue Schweizer Rundschau 1933, Heft 4.

2 Der Leser findet die nötigen Angaben in meinem Buch: Psychologie und Religion, 1940.

stus, sondern mit Paulus wird er bekennen: »doch nun nicht ich lebe, sondern Christus lebet in mir«. Unser Sûtra aber sagt: Du wirst erkennen, daß *du* Buddha bist. Im Grunde ist das Bekenntnis identisch, insofern der Buddhist diese Erkenntnis nur erreicht, wenn er »anâtman«, d. h. ohne Selbst ist, aber in der Formulierung besteht ein grenzenloser Unterschied: der Christ erreicht sein Ende in Christo, der Buddhist erkennt, daß er Buddha ist. Der Christ kommt eben aus der vergänglichen und ichhaften Bewußtseinswelt, der Buddhist aber ruht *noch* auf dem ewigen Grunde der inneren Natur, deren Einssein mit der Gottheit oder dem universalen Wesen uns auch in andern indischen Bekenntnissen entgegentritt.

NACHWORT

Von Aniela Jaffé

Der Aufsatz ›*Über die Archetypen des kollektiven Unbewußten*‹ wurde als Einführung des vorliegenden kleinen Bandes gewählt, weil er mit den spezifischen Inhalten des Unbewußten bekannt macht, die sich in Bildern zugleich verschleiern und zu erkennen geben. Es ist eine selbständige, in sich geschlossene Arbeit, die allgemeinverständlich sein dürfte und keinen Kommentar benötigt.

Die ›*Einleitung in die religionspsychologische Problematik der Alchemie*‹ ist dem Werke Jungs ›Psychologie und Alchemie‹ vorangestellt. Die zunächst erstaunliche Zusammengehörigkeit der alten Goldmacherkunst und der Psychologie, welche Jung in zahlreichen seiner Werke dargelegt hat [1], bedarf einiger Worte der Erläuterung.

Die Alchemie gehört zu den ältesten geistigen Unternehmungen des Menschen und läßt sich nicht nur in Europa, sondern auch in Asien bis in die Antike zurückverfolgen. Sie stellt den Versuch dar, hinter die Geheimnisse des unbekannten Stoffes zu dringen, und darum ist sie auch als Vorläuferin der Chemie hinlänglich bekannt. Jedoch sind die rein praktischen Ergebnisse ihrer Experimente und Überlegungen relativ spärlich – auch sind weder das künstliche Gold noch die gesuchte ›Tinktur‹ jemals hergestellt worden – und diejenigen Forscher, welche sie in bezug auf ihre chemischen Erkenntnisse untersucht haben, stießen bald an das undurchdringliche Dunkel ihrer Sprache und an ein verwirrendes Durcheinander von chemischen, symbolischen und religiös-philosophischen Begriffen und Überlegungen. Seit der Aufklärung und dem Beginn der wissenschaftlichen Chemie ist die jahrhundertealte Kunst mehr oder weniger in Vergessenheit geraten, und es ist das Verdienst C. G. Jungs, dem modernen Menschen den Schlüssel zu einem ganz neuen Verständnis der Hermetischen Philosophie ge-

1 Es sind dies vor allem: ›Die Psychologie der Übertragung‹, ›Aion‹, ›Von den Wurzeln des Bewußtseins‹ und ›Mysterium Coniunctionis‹. Vgl. auch die Bibliographie am Schluß dieses Bandes. – Der erste, welcher auf die Beziehung der Alchemie zur Psychologie des Unbewußten hingewiesen hat, war der früh verstorbene Herbert Silberer.

geben zu haben. Er stellte fest, daß es sich im alchemischen »opus« zum größten Teil nicht nur um chemische Experimente allein handelte, sondern »auch um etwas wie *psychische Vorgänge, die in pseudochemischer Sprache ausgedrückt wurden*«.

Es ist eine psychologische Regel, daß in der Konfrontation des Menschen mit dem Unbekannten das Unbewußte konstelliert wird: neue psychische Inhalte tauchen als Bilder auf, vermischen sich mit dem Unbekannten, das sie zu beleben und faßbar zu machen scheinen. Dies widerfuhr auch den Alchemisten bei dem Versuch, das Rätsel des damals noch unbekannten Stoffes zu erklären: das, was sie als Eigenschaften des Stoffes erlebten, war in Wirklichkeit ihr Unbewußtes, und die psychischen Erlebnisse, die sie während des Laborierens hatten, erschienen ihnen als das besondere Verhalten des chemischen Prozesses. So kann zwar die Beschäftigung des Adepten mit dem Stoff als eine ernsthafte Bemühung angesehen werden, in das Wesen der chemischen Wandlungen einzudringen. Zugleich war sie auch – und dies in oft überwiegendem Maße – die Abbildung eines parallel laufenden *psychischen Prozesses*, den er in die unbekannte Chemie projizierte. Dies konnte um so eher geschehen, als auch der psychische Vorgang, auf den hier angespielt wird, ein unbewußtes Naturgeschehen ist – genau wie die geheimnisvolle Veränderung des Stoffes. Es sind die Stufen und Bilder eines inneren Wandlungsgeschehens, des sog. Individuationsprozesses, die sich in der alchemistischen Symbolik ausdrücken. Die am Vergleich mit empirischem Material – den Träumen und Phantasien moderner Menschen – festgestellte Beziehung zwischen der Psychologie des Unbewußten und der Alchemie bewog JUNG, den so lange Zeit übersehenen Schriften dieser alten Kunst sein volles Interesse zuzuwenden. Tatsächlich gelang es ihm auch, eine Reihe von Texten ausfindig zu machen, bei welchen die Beziehungen zwischen dem ›opus alchemicum‹, d. h. dem eigentlichen Laborieren, und den philosophischen und psychologischen Parallelvorgängen vom Alchemisten selber erkannt und dargelegt wurden, woraus man schließen darf, daß bei einigen der bedeutenderen alten Philosophen eine Ahnung von der Projektion seelischer Inhalte in die Materie vorhanden war.

Der Vergleich zwischen den alchemischen Vorgängen und denjenigen des psychischen Wandlungsprozesses zeigt, daß eine direkte Linie von den Gedanken und Phantasien jener Meister nicht nur zur Chemie führt, sondern auch zur Psychologie des Unbewußten. Die Verbindung zur Parapsychologie und zur Mikrophysik kann hier nur erwähnt, nicht aber abgeleitet werden. Eine solche Vielfalt ist darum möglich, weil in den alchemistischen Bildern eine Ganzheit oder Einheit des Seins zum Ausdruck kommt, die erst heute wieder als Voraussetzung wissenschaftlichen Denkens angenommen wird. – Diese Ganzheitlichkeit ist es auch, welche den Bildern Numinosität, d. h. höchste Wirksamkeit, verleiht. Sie vermitteln die Anschauung psychischer Inhalte des Unbewußten, welche in einer spezifischen Beziehung zu den religiösen Begriffen des Bewußtseins stehen und darum nur durch eine religionspsychologische Betrachtung dem Verständnis nahegebracht werden können.
Das Zusammenspiel von Bewußtsein und Unbewußtem, ihre eben erwähnte spezifische Beziehung, untersteht dem Gesetz der *Kompensation*, das zum Verständnis der Phänomenologie des Unbewußten von grundlegender Bedeutung ist. Jede eindeutige oder einseitige Haltung des Bewußtseins wird durch entsprechende Bilder und Inhalte im Unbewußten sinnvoll kompensiert. Die unbewußte Seele stellt sich wie ein dunkler Spiegel des lichten Bewußtseins dar, und aus dem Gefälle zwischen dem bewußten und dem unbewußten Pol ergibt sich die Intensität der psychischen Energie. In der Sphäre der persönlichen Psychologie sind kompensatorische Vorgänge wohlbekannt: jeder hat schon erfahren, daß z. B. Güte durch plötzlich aufsteigende und bisher verborgene, d. h. unbewußte Härte durchkreuzt werden, oder daß der Feige sich ebenso unerwarteterweise zu heldenhaften Taten hinreißen lassen kann usw. – Das Gesetz der Kompensation reicht aber in noch größere Tiefen der Seele, nämlich in das unpersönliche Reich der kollektiven Bilder und berührt damit auch die religiösen Aussagen des Menschen.
Es ist eine der wichtigsten Entdeckungen tiefenpsychologischer Forschung, daß die archetypische Bilderwelt kein regelloses Chaos ist, daß vielmehr ihre Gestalten und Gebilde das Gepräge eines Geistes tragen, der diese Traum-

welt durchdringt und ordnet. Er stellt sich als ein dunkler, chthonischer, irrlichternder Geist dar – die Alchemisten nannten ihn ›Mercurius‹ – und die alten Texte und Aussagen des Unbewußten legen es nahe, ihn als ›dunkeln Bruder‹ des Geistes christlicher Offenbarung zu bezeichnen. – Die Parallelität der alchemistischen Zielvorstellungen des ›Steines‹, des ›Sohnes der Materie‹, zum Gottsohne Christus bildet eine der zentralen Feststellungen innerhalb der psychologischen Deutung der Alchemie. Diese höchst seltsame Gegensatzbeziehung wird verständlich, wenn man einerseits die lichte Natur Christi und anderseits die kompensatorische Natur der Aussagen des Unbewußten – und darum handelt es sich ja bei der Alchemie – im Auge behält. Die Alchemie verhält sich zum Christentum wie ein Traum zum Bewußtsein, man könnte auch sagen: wie eine natürliche und darum auch primitive religiöse Aussage zu einem durchgeistigten Dogma höchster Kultur. Der lichte Geist christlicher Offenbarung hat seinen differenziertesten Ausdruck in der religiösen Einheit der Heiligen Trinität gefunden; ebenso nimmt – seltsam genug! – der chthonische Geist der Träume, der alchemistischen Phantasien und der Märchen[1] in vielen Fällen gleichfalls trinitarische Gestalt an. – Von einem solchen numinosen Spiegelbild in einer natürlichen Quelle der Offenbarung, nämlich im Unbewußten, handelt der Aufsatz JUNGS über den *›Geist im Märchen‹*. Er befaßt sich mit dem Gegensatz und der Zusammengehörigkeit der beiden Welten. Daß dieses bedeutsame und schwierige Problem an den skurrilen Bildern primitiver Volksphantasie erläutert wird, scheint der alten Alchemistenregel zu entsprechen, daß die Kostbarkeit im Verworfenen gefunden wird.

Der Aufsatz *›Zur Psychologie östlicher Meditation‹* hat die psychologische Deutung eines buddhistischen Yogatextes aus dem 5. Jahrhundert zum Inhalt. Auch hier liegen den Bildern die Stufen eines seelischen Wandlungs- und Werdeprozesses zugrunde, woraus dessen ubiquitäre, allgemeinmenschliche Natur deutlich zu werden vermag. Daß zwischen dem christlichen und dem buddhistischen Geiste eine

1 Daß auch die Märchen, ebenso wie die Mythen, Produkte des Unbewußten – sozusagen die kollektiven Träume der Völker und Rassen sind, darf heute als allgemein bekannt vorausgesetzt werden.

Art kompensatorischen Verhältnisses besteht, ergibt sich aus den letzten Abschnitten des Aufsatzes und erklärt die Faszination, die jene anscheinend so andere fremde Welt auf uns auszuüben vermag. Daher ist es von Wichtigkeit für den westlichen Menschen, sich mit der Weisheit des Ostens vertraut zu machen und ihr Wesen zu verstehen. Doch geht er – vom Gesichtspunkt der analytischen Psychologie – an seiner spezifischen Aufgabe vorbei, wenn er die eigene religiöse Grundlage zugunsten einer mehr oder weniger anempfundenen östlichen Bewußtseinshaltung aufzugeben trachtet. In Kenntnis der Wirklichkeit, d. h. Wirksamkeit, und des Sinnes der Bilder des Unbewußten, die in den Religionen zu höchstmöglicher Vollendung gestaltet sind, liegt es JUNG daran, die Wahrheit nicht nur einer einzigen Religion zuzusprechen. Nach seinen Worten huldigt er dem Glauben, daß diese Wahrheit sich »in vielen Sprachen und in vielerlei Erscheinungsweisen ausgedrückt habe«. Jedoch weiß er um die Bedeutung des Schicksals, in welches ein Mensch hineingestellt, und dem er verpflichtet ist. Für den westlichen Menschen ist es aufs innigste verknüpft mit dem Christentum, welches es neu und besser zu verstehen, nicht aber zu verwerfen gilt.
Trotz der sorgfältigen Berücksichtigung des Unbewußten, die sich die Tiefenpsychologie in Theorie und Praxis zur Aufgabe macht, wäre es falsch, wollte man daraus auf eine Minderbewertung des *Bewußtseins* schließen. Ganz im Gegenteil zeigt gerade die religionspsychologische Problematik des Unbewußten, welche Bedeutung ihm in der Auseinandersetzung des Menschen mit den Bildern seiner Seele zufällt: nicht nur spielt es die Rolle des Gefäßes für die neuen Inhalte; es hat auch die Aufgabe der Reflexion, d. h. es muß das Geschaute verstehen. Und schließlich übernimmt es die Verantwortung bei der schwierigsten und den ganzen Menschen in die Schranken fordernden Aufgabe, das Geschaute und Erkannte in das Leben zu integrieren.

QUELLENNACHWEIS

Prof. Dr. E. Böhler, Die Bedeutung der komplexen Psychologie C. G. Jungs für die Geisteswissenschaften und die Menschenbildung. – Leicht veränderter Nachdruck einer Rede, gehalten am 1. Juli 1955 bei Ernennung C. G. Jungs zum Ehrendoktor der Eidgenössischen Technischen Hochschule in Zürich. (Zürich 1955)

Über die Archetypen des kollektiven Unbewußten. – Zuerst erschienen im Eranos-Jahrbuch 1934, p. 179ff. Die vorliegende, überarbeitete Fassung aus ›Von den Wurzeln des Bewußtseins‹. (Zürich 1954)

Einleitung in die religionspsychologische Problematik der Alchemie. – Aus »Psychologie und Alchemie«. (Zürich 1952)

Zur Phänomenologie des Geistes im Märchen. – Diese Schrift ist die Erweiterung eines Vortrages, gehalten an der Eranos-Tagung 1945. Zuerst erschienen im Eranos-Jahrbuch 1945 unter dem Titel ›Zur Psychologie des Geistes‹. Der vorliegende Abdruck erfolgte aus: ›Symbolik des Geistes‹. (Zürich 1953)

Zur Psychologie östlicher Meditation. – Zuerst erschienen in: Mitteilungen der Schweiz. Gesellschaft der Freunde ostasiatischer Kultur. V, 1943. Der vorliegende Abdruck erfolgte aus: ›Symbolik des Geistes‹. (Zürich 1953)

C. G. Jungs »Gesammelte Werke« erscheinen seit 1971 im Walter Verlag, Olten.

AUTOREN-, TEXT- UND SACHREGISTER

Psychologie

Eine Auswahl

Hans Bender
Parapsychologie – ihre Ergebnisse und Probleme (6316)

Morey Bernstein
Protokoll einer Wiedergeburt (1917)

Charles Brenner
Grundzüge der Psychoanalyse (6309)

Charlotte Bühler
Das Seelenleben des Jugendlichen (6303)

Johannes Cremerius (Hrsg.)
Psychoanalyse und Erziehungspraxis (6076)

Werner Correll
Lernen und Verhalten (6146)

Andrew Crowcroft
Der Psychotiker (6701)

Klaus Dörner
Bürger und Irre (6282)

Fischer Lexikon Psychologie
(FL 6)

Anna Freud/Thesi Bergmann
Kranke Kinder (6363)

Funk-Kolleg
Pädagogische Psychologie Band 1 und 2 (6115/6116)

Reader zum Funk-Kolleg
Pädagogische Psychologie Band 1 und 2 (6113/6114)

Hermann Glaser
Sigmund Freuds Zwanzigstes Jahrhundert (6395)

Georg Groddeck
Psychoanalytische Schriften zur Literatur und Kunst (6362)
Das Buch vom Es (6367)

Peter Groskurth/ Walter Volpert
Lohnarbeitspsychologie (6288)

Klaus Holzkamp
Kritische Psychologie (6505)

Jolande Jacobi
Die Psychologie von C. G. Jung (6365)

Arthur Janov
Der Urschrei (6286)
Anatomie der Neurose (6322)
Das befreite Kind (6345)

C. G. Jung
Bewußtes und Unbewußtes (6058)
Über die Psychologie des Unbewußten (6299)
Über Grundlagen der Analytischen Psychologie (6302)